Impressum

©   2025, Copyright der Originalausgabe dieses Buches

Traude Schubert traude-schubert@gmx.de

Coverfoto: https://www.piqsels.com-id-fdytv/

Verlag: BoD · Books on Demand GmbH,
Überseering 33, 22297 Hamburg, bod@bod.de
Druck: Libri Plureos GmbH,
Friedensallee 273, 22763 Hamburg
ISBN: 978-3-8192-0962-8

Für die beschriebenen Informationen und Rezepte, übernehme ich keinerlei Haftung. Bitte sprechen Sie jede Anwendung mit Ihrem Arzt durch.

Segen der Natur

Teil 3

Von Ätherischen Ölen bis gesunde Beeren - und Obstsorten

Traude Schubert

Vorwort

Nun ist er fertig: „ Segen der Natur – Teil 3 „
Wieder mit vielen neuen Informationen z.B. zu
Ätherischen Ölen, Chakren, Bockshornklee,
Essbaren Blüten, Blättern und Wildkräutern.
Mit dabei sind natürlich auch wieder passende
Rezepte.
Dazu zwei besondere Berichte mit Information
für Frauen und Männer.

Besonders in dieser Jahreszeit interessant sind
Gartentipps z.B. wie vertreibe ich mit natürlichen
Mitteln unsere Freunde die Blattläuse.
Außerdem stelle ich Euch Gemüse für das ganze
Jahr vor.

All dies und noch einiges mehr gibt es in Teil 3 zu
lesen und zu erfahren.

Viele Grüße – Traude Schubert

Inhalt

GRENZEN ZIEHEN - GRENZEN RESPEKTIEREN

Das Respektieren von Grenzen ist ein entscheidender Aspekt des persönlichen Wachstums & der zwischenmenschlichen Beziehungen.
Hier ist eine Anleitung, wie man lernt, Grenzen zu respektieren:

Selbstreflexion:

Der erste Schritt besteht darin, sich bewusst zu werden, welche Grenzen man hat & warum sie wichtig sind. Nehmen Sie sich Zeit, um über Ihre persönlichen Bedürfnisse, Werte & Grenzen nachzudenken. Fragen Sie sich, was Sie brauchen, um sich wohl & respektiert zu fühlen.

Kommunikation:

Lernen Sie, klar & respektvoll Ihre Grenzen zu kommunizieren. Sprechen Sie offen darüber, was für Sie akzeptabel ist & was nicht. Vermeiden Sie es, sich zu rechtfertigen oder zu entschuldigen, wenn Sie Ihre Grenzen setzen. Bleiben Sie dabei fest & beharrlich.

Selbstwertgefühl stärken:

Eine gesunde Selbstachtung ist entscheidend, um Grenzen zu respektieren. Arbeiten Sie an Ihrem Selbstwertgefühl & erkennen Sie an, dass Sie das Recht haben, für sich selbst einzustehen & Ihre Bedürfnisse zu verteidigen.

Nein sagen lernen:

Lernen Sie, Nein zu sagen, wenn Sie etwas nicht möchten oder nicht können. Es ist wichtig zu verstehen, dass es in Ordnung ist, Grenzen zu setzen & für sich selbst einzustehen. Üben Sie, klar & bestimmt Nein zu sagen, ohne sich schuldig zu fühlen.

Grenzen respektieren:

Behandeln Sie die Grenzen anderer mit Respekt. Akzeptieren Sie, dass jeder das Recht hat, seine eigenen Grenzen zu haben, & respektieren Sie diese ohne Urteil oder Kritik.

Selbstfürsorge praktizieren:
Machen Sie Selbstfürsorge zu einem festen Bestandteil
Ihres Lebens. Nehmen Sie sich Zeit für sich selbst, um
sich zu entspannen, sich zu regenerieren & Ihre Grenzen
zu überdenken, wenn nötig.

Achtsamkeit kultivieren:
Praktizieren Sie Achtsamkeit, um sich Ihrer eigenen
Bedürfnisse & Grenzen bewusst zu sein. Nehmen Sie
sich regelmäßig Zeit, um in sich hinein zu hören & zu
erkennen, was Sie brauchen, um sich wohl & respektiert
zu fühlen.

(Gefunden bei Haymetic)

RATSCHLÄGE EINER ALTEN HEILERIN

....

Text nach Drauzio Varella, frei übersetzt von Nicole von Merkelbeek

Wenn du nicht krank werden willst:
Sprich über deine Gefühle!
Versteckte, verdrängte Emotionen und Gefühle führen zu Krankheiten wie Gastritis, Geschwüren, Rückenschmerzen usw.
Mit der Zeit entartet die Unterdrückung von Gefühlen bis hin zu Krebs.
Also öffne dich, vertraue dich anderen an, wenn es dir auch schwer fällt.
Sprechen ist ein wirksames Mittel und eine ausgezeichnete Therapie!

Wenn du nicht krank werden willst:
Triff Entscheidungen!
Der unentschlossene Mensch bleibt im Zweifel, in der Angst, in der Sorge.
Unentschlossenheit häuft Probleme, Sorgen und Aggressionen an.
Unentschlossene Menschen sind Opfer von Nerven- und Magenbeschwerden und Hautproblemen.

Wenn du nicht krank werden willst:
Suche nach Lösungen!
Negative Menschen finden keine Lösungen und vergrößern die Probleme.
Sie bevorzugen Wehklagen, Murren und Pessimismus.

Es ist besser, ein Streichholz anzuzünden, als über die
Dunkelheit zu klagen.
Eine Biene ist klein, aber sie produziert das Süßeste,
was es gibt.

Wir sind, was wir denken.
Negatives Denken erzeugt negative Energie, die sich in
Krankheit verwandelt.

Wenn du nicht krank werden willst:
Lebe nicht nach dem äußeren Schein.
Wer die Realität verbirgt, sich verstellt, sich in Pose wirft,
immer den Eindruck erwecken will, dass es ihm gut geht,
perfekt und nett wirken will, der häuft Tonnen von
Gewicht an.
Er ist eine Bronzestatue mit Füßen aus Ton. Es gibt
nichts Schlimmeres für die Gesundheit als ein Leben
nach dem äußeren Schein.
Das sind Menschen mit viel Lack und wenig Wurzeln.
Ihr Schicksal ist die Apotheke.

Wenn du nicht krank werden willst:
Akzeptiere dich selbst!
Die Ablehnung des Selbst, das Fehlen von
Selbstwertgefühl, entfremdet uns von uns selbst.
Sich selbst zu sein, ist der Kern eines gesunden Lebens.
Diejenigen, die sich selbst nicht akzeptieren, sind
neidisch, eifersüchtig, nachahmend und zerstörerisch.
Sich selbst zu akzeptieren, Kritik anzunehmen, ist
Weisheit, Vernunft und Therapie.

Wenn du nicht krank werden willst:
Vertraue!

Diejenigen, die nicht vertrauen, nicht miteinander reden, sich nicht öffnen, keine Beziehungen aufbauen, keine tiefen, stabilen Beziehungen eingehen, wissen nicht, wie man echte Freundschaften schließt.
Ohne Vertrauen gibt es keine menschlichen Beziehungen.
Misstrauen ist ein Mangel an Vertrauen in sich selbst, in andere und in Gott.

Wenn du nicht krank werden willst:
Sei nicht immer traurig!
Gute Laune, Lachen, Freude und Gelassenheit, machen gesund.
Gute Laune rettet uns vor den Händen des Arztes.
Freude ist Gesundheit und Therapie.
Sei glücklich, lächle, liebe und genieße die Natur, die Sonne, den Regen, den Wind, das Licht der Sterne und des Mondes; mit einem Wort:

ÄTHERISCHE ÖLE UND IHRE WIRKUNGEN

Ätherische Öle können auf vielfältige Weise eingesetzt werden.
Aromatherapie-Anwendungen sind nicht nur über die **Raumbeduftung** möglich, sondern auch über **duftende Bäder und Aroma-Massagen**, **wohltuende Dampfbäder,** in der **Sauna** oder über die Verwendung ätherischer Öle **beim Kochen und Backen.**

* * *

Einführung

Ätherische Öle von Kräutern und ihre Bestandteile, die Produkte des sekundären Stoffwechsels von Pflanzen sind, haben viele Anwendungen in der Ethnomedizin, in der Lebensmittelaromatisierung und -konservierung sowie in der Duftstoff- und Pharmaindustrie (Fabian et al., 2006).

Die **antimikrobiellen** Eigenschaften ätherischer Öle wurden beschrieben und aufgrund der wachsenden Nachfrage nach antimikrobiellen Mitteln zur Verhinderung von mikrobieller Lebensmittelverderbnis und bakteriellen Infektionen besteht ein zunehmendes Interesse an Heilpflanzen als Alternative zu synthetischen Konservierungsmitteln und Antibiotika .

Viele ätherische Öle werden bereits in der Lebensmittelindustrie als Geschmacksstoffe verwendet und einige haben bekanntermaßen eine antimikrobielle Wirkung, aber der Wirkungsmechanismus ist oft nicht vollständig verstanden.

Koriander (Coriandrum sativum L.) ist ein bekanntes Kraut, das häufig als Gewürz, in der Volksmedizin sowie in der Pharmazie und Lebensmittelindustrie verwendet wird.

Koriandersamenöl ist eines der 20 wichtigsten ätherischen Öle und es ist bekannt, dass es antimikrobielle Wirkung hat, sein Wirkungsmechanismus ist jedoch noch unklar.

Quelle:
https://www.microbiologyresearch.org/content/journal/jmm/10.1099/jmm.0.034157-0

Kann man ätherische Öle bedenkenlos einatmen?
Im Allgemeinen sind ätherische Öle in geringer Dosierung unbedenklich, wenn sie über einen Diffuser eingeatmet werden.

Sie sollten jedoch in einem gut belüfteten Raum und nicht übermäßig lange inhaliert werden.

WICHTIG:
Das direkte Einatmen ätherischer Öle oder das Einatmen hochkonzentrierter Öle kann Symptome im geschädigten Lungengewebe auslösen .
Personen mit Asthma oder COPD sollten vor der Anwendung ätherischer Öle ihren Arzt konsultieren und gemeinsam mögliche Risiken und Vorteile abwägen.

* * *

Koriander - öl

Alle Teile der Korianderpflanze sind essbar.
Die Korianderblätter und -samen der Pflanze sind als

Koriander bekannt und werden häufig als Gewürz in der lateinamerikanischen, asiatischen und amerikanischen Küche verwendet, während die Korianderwurzel in thailändischen Gerichten verwendet wird.

Für was ist Korianderöl gut?

Das ätherische Korianderöl
- stimuliert das Immunsystem und eignet sich
- hervorragend zur Schmerzlinderung und zur
- Beseitigung unerwünschter Mikroben.

Aufgrund seiner antibakteriellen und antioxidativen Eigenschaften kann Koriandersamenöl auch eine gute Ergänzung zur **Hautpflege** sein.

Wirkung von Korianderöl auf die Haut

Darüber hinaus können die antibakteriellen Eigenschaften des Koriandersamenöls auch **Akne** und **Mitesser abwehren**, indem sie die Haut von den verantwortlichen Mikroben reinigen .

Korianderblätter zur Entgiftung der Leber

Darüber hinaus schützen die in Korianderblättern enthaltenen Antioxidantien die Leberzellen vor oxidativem Stress und Schäden.
Regelmäßiger Verzehr von Korianderblättern unterstützt die Leberfunktion und verbessert ihre Entgiftungsfähigkeit

Koriander ist besonders reich an gesundheitsfördernden Phytonährstoffen und ätherischen Ölen.
Wer ihn also nicht wegen seines einzigartigen und so erfrischenden Geschmacks schätzt, könnte dennoch von

seiner heilenden **Wirkung** profitieren und etwa
Verdauungsbeschwerden oder Hautprobleme loswerden.

* * *

Korianderöl – Koriandersamenöl

Im Zusammenhang mit ätherischen Ölen wird das
ätherische Öl, das aus dem Blattteil der
Korianderpflanze gewonnen wird, als **ätherisches
Korianderöl** bezeichnet .
Die **Koriandersamen** werden hingegen destilliert, um
ätherisches Korianderöl herzustellen.
Dies beeinflusst auch die Art und Weise, wie wir die Öle
als Kräuteröle oder Gewürzöle klassifizieren.

Für was ist Koriander Tinktur gut?

In der traditionellen europäischen Medizin wird Koriander
zur **Schwermetallausleitung** genutzt. Die Urtinktur zeigt
sich darüber hinaus als hilfreiches Mittel bei
Verdauungsschwäche und Blähungen.

Korianderöl – gut für die Haare

Korianderöl stimuliert das Haarwachstum und beugt
Ergrauen vor . Es beugt Haarausfall, Haarbruch und
Spliss vor.
Darüber hinaus stärkt dieses Öl die Haarzwiebeln,
beseitigt Schuppen und hilft bei Kopfhauterkrankungen.
Korianderöl hat antibakterielle und beruhigende
Eigenschaften.

* * *

Verwendung und Vorteile von Korianderöl

Das Korianderkraut gilt in der Küche als begehrtes

Kraut der Köche, da es den Geschmack und das Aroma
Ihrer Lieblingsgerichte verbessert.

Als ätherisches Öl hat es noch mehr Verwendungsmöglichkeiten und Vorteile, die sehr wertvoll sind.

Ätherisches Korianderöl ist der perfekte Ersatz für
getrockneten oder frischen Koriander und wird zum
Würzen von Fleisch, Salaten und Dips verwendet.

Der chemischen Bestandteil Linalool von Korianderöl,
- kann eine beruhigende Wirkung auf die Haut
  haben und
- hat bei äußerlicher Anwendung reinigende
  Eigenschaften.
- Korianderöl kann auch das Aussehen gesunder
  Nägel verbessern,
- Ihre Mundhygiene verbessern und
- erzeugt ein kühlendes Gefühl auf der Haut, wenn
  es einer Massage hinzugefügt wird.
- Mit seinem frischen, kräuterigen Aroma und seiner
  Vielseitigkeit ist ätherisches Korianderöl für jeden
  zu empfehlen.

* * *

Wie verwende ich Korianderöl?

Kochen :
Der frische, kräuterige Geschmack des ätherischen
Korianderöls macht es perfekt zum Kochen.

Nagelpflege :
Die reinigenden Eigenschaften des ätherischen
Korianderöls können bei der Pflege Ihrer Nagelhaut und
Fingernägel helfen.

Tragen Sie einfach täglich oder nach dem Duschen einen Tropfen Korianderöl auf Ihre Finger- und Fußnägel auf, damit sie gesund und sauber aussehen.

Hautpflege :
Gönnen Sie Ihrer Haut die königliche Behandlung, indem Sie Ihrer bevorzugten Hand- und Körperlotion einen Tropfen Korianderöl hinzufügen, um trockene Haut zu beruhigen und mit Feuchtigkeit zu versorgen. Zurück bleibt ein belebender, süßer Duft.

Mundhygiene : Achten Sie auf eine gute Mundhygiene, indem Sie Ihrer täglichen Mundspülung einen Tropfen ätherisches Korianderöl hinzufügen, um die Reinigungswirkung zu verstärken und Ihren Atem zu erfrischen.

Massage :
Für ein kühlendes und beruhigendes Gefühl während einer Massage mischen Sie einfach ein bis zwei Tropfen Korianderöl mit fraktioniertem Kokosöl . Massieren Sie es sanft in Ihre Haut ein und genießen Sie das süße Kräuteraroma.

Abendmeditation :
Wenn Sie den Tag mit Ihren abendlichen Meditationen ausklingen lassen, geben Sie einen Tropfen ätherisches Korianderöl auf Ihre Fußsohlen, um vor dem Schlafengehen ein friedliches und erfrischendes Aroma zu erzeugen.

Diffusion :
Sorgen Sie für einen frischen Duft in Ihrem Zuhause oder

Büro, indem Sie zwei Tropfen ätherisches Korianderöl in den Diffusor Ihrer Wahl geben und das erfrischende, süße Kräuteraroma genießen.
Oder kombinieren Sie es mit Ihrer Lieblings-Zitrusölmischung für eine belebende Zitrusnote mit Kräutern.

* * *

Oregano - Öl

Oregano (Origanum vulgare), ist ein Gewächs aus der Pflanzenfamilie der Lippenblütengewächse (Lamiaceae). Die getrockneten Blätter weisen einen stark aromatischen Geruch und etwas bitteren Geschmack auf.

Oreganoöl kann **antibakteriell, antiviral, fungizid und durchblutungsfördernd wirken**.
Oregano Öl kann viele u.a. antibiotika resistente Keime in der Darmflora bekämpfen.

Zum Würzen und Aromatisieren von Speisen und Getränken: 1 Tropfen Oregano Öl (und mehr) nach belieben hinzugeben.

* * *

Die Einnahme von Oregano Öl:

Achte deshalb darauf, dass du das Öl **zwei Stunden vor oder nach einer Mahlzeit** einnimmst.
Außerdem solltest du die Einnahmedauer nicht **sechs Wochen überschreiten**.

ACHTUNG:
- Auf **keinen Fall** darfst du Oregano-Öl während der **Schwangerschaft** verwenden, da es frühzeitige Wehen auslösen und eine Geburt einleiten kann!
- Nicht mehr **als ein bis zwei Tropfen pro Tag einnehmen**.

Nebenwirkungen:
Mögliche Nebenwirkungen von Oregano Öl Kapseln können:
- Magen-Darm-Beschwerden,
- allergische Reaktionen oder
- Hautirritationen sein.

Bei Überdosierung oder unsachgemäßer Anwendung können auch ernstere Nebenwirkungen auftreten.
Wirkung von Oregano Öl

- Bakteriellen, viralen und parasitären Infektionen,
- Grippe,
- Bronchitis,
- Fieber, etc..

Seine antimykobakterielle Wirkung macht es wirksam
-        gegen Pilzinfektionen,
-        Akne und
-        Krätze.

Das Öl wirkt
-        Antibakteriell,
-        antiviral und
-        fungizid.
-        durchblutungsfördernd,
-        entzündungshemmend und
-        schmerzstillend.
-        schleimlösend und
-        es kann Darmparasiten vertreiben

-        Oregano Öl hat eine Anti-Pilz-Wirkung und kann bei **Pilzinfektionen** helfen.
-        Im Magen-Darm-Trakt verhindert er Blähungen - oder vertreibt Pilze und Würmer.
-        Auch bei Erkrankungen von Magen, **Leber** oder Galle leistet er gute Hilfe.

Wirkung auf die Psyche:
Oregano-Öl wirkt beruhigend und ausgleichend auf die **Psyche**.
Es lässt Schwermut schwinden, richtet seelisch auf und macht fröhlich.

* * *

Eukalyptus Öl

Ähterische Öle wirken ganzheitlich und sind für die Psyche und den Atem stimulierend werden daher auch auf der Palliativstation von LungenClinic eingesetzt.

Hier und auf der Intensivstation sorgt ein Diffusor für schöne Raumatmosphäre.

Die Wirkung von Eukalyptus Öl auf die Psyche

Die regelmäßige Verwendung von Eukalyptusöl in Aromatherapie-Anwendungen kann zu einem verbesserten mentalen Zustand und einer gesteigerten Aufmerksamkeit führen.
Außerdem wirkt der frische und klare Duft aktivierend und belebend und steigert dadurch die Motivation.

Untersuchungen legen nahe, dass das Öl Atemwegsinfektionen bekämpft, indem es Bakterien, Viren und Pilze abtötet .
Aus diesem Grund ist es in Nasenspülungen mit Kochsalzlösung enthalten.
Es sorgt auch dafür, dass sich die winzigen haarähnlichen Fäden in Ihren Lungen (Zilien genannt), die Schleim und Schmutz aus Ihren Atemwegen entfernen, schneller bewegen.

WICHTIG - ein Eukalyptus bei:
-       Inhalieren mit ätherischen Ölen ist für Asthmatiker
        tabu, da dies einen Asthmaanfall auslösen kann.
-       Wer eine entzündliche Magen-Darmerkrankung,
        Gallenleiden oder Leberbeschwerden hat, darf
        Eukalyptus ebenfalls nicht einnehmen.
-       Eukalyptusöl kann bei empfindlichen Menschen zu
        Magenschmerzen führen.

* * *

3. Ätherisches Teebaumöl

Ätherisches Teebaumöl wird öfter zur Behandlung von
äußerlichen mikrobakteriellen Infektionen eingesetzt.
Dieses Öl hemmt das Wachstum von Pilzen, es wirkt
keimtötend und lindert Entzündungen.

Anmerkung:
-       Bitte macht wie bei allen ätherischen Ölen vor
        Anwendung erst einen **Allergietest**.
-       Verreibt etwas Öl auf das Handgelenk oder in die
        Armbeuge.

Zutaten:
3 Tropfen   ätherisches Teebaum-Öl
1 Stück   Watte

Anwendung:
-       Am Besten Ihr tropft vorsichtig etwas Teebaumöl
        direkt auf den befallenen Nagel.
-       Mit der Watte kann man dieses dann verteilen.
-       So lange wiederholen, bis der Nagelpilz
        verschwunden ist.

* * *

Lavendel Öl

ist ein sehr gut beruhigendes Öl. Es wirkt aber nicht nur
entspannend, sondern auch ausgleichend.
Es kann sogar den Blutdruck stabilisieren und wirkt daher
gut bei nervösen Unruhezuständen.

Kann man Lavendelöl direkt auf die Haut auftragen?
Als eines der wenigen ätherischen Öle darf Lavendelöl
direkt (unverdünnt) auf die Haut aufgetragen werden,
etwa auf Wunden

-       z.B. Brandwunden, Schnitt- oder Schürfwunde.

Geben Sie einige wenige Tropfen des ätherischen Öls
sofort auf die betroffene Hautstelle.

Aber auch
-       bei Akne
-       oder anderen entzündlichen Hautausschlägen, -
        sowie bei Nagel- oder Fußpilz.

Wobei hilf Lavendelöl noch?

Lavendel kann:
- Entzündungen hemmen,
- dazu beitragen, Krämpfe zu lösen.
- Er kann die Wundheilung fördern
- und das Immunsystem anregen

Allgemein gilt der **Lavendel:**
- als beruhigend,
- nervenstärkend,
- krampflösend,
- schlaffördernd,
- angstlösend,
- antibakteriell, entzündungshemmend,
- schleimlösend,
- schmerzlindernd (auch bei rheumatischen Erkrankungen)
- und pflegend.

- Er steigert das Wohlbefinden und die Lebensqualität.
- Lavendel gilt als **antiviral** und **antibakteriell**.
- In der Volksmedizin gilt Lavendel bereits seit dem 16. Jahrhundert als Heilpflanze.

Zum Einschlafen:
Lavendel wird rasch durch die Haut aufgenommen, daher ist dies die schnellste und wirksamste Methode, Lavendel **als Schlafmittel** zu verwenden. Geben Sie 2–3 Tropfen auf Ihre Schläfen oder Fußsohlen.

Anwendungen von Lavendelöl

Kopfkissen:
direkt auf das Kopfkissen – hier nur wenige Tropfen.

Vollbad: mehrere Tropfen für ein entspannendes Bad am Abend.

Dampfbad/Sauna: Anwendung im Saunaaufguss möglich.

Massagen: neutrales Massageöl mit Lavendelöl mischen

Tiere und Lavendel:
Verschiedene Vögel mögen Lavendel ganz gerne.
Z.B. Meisen und Krähen soweit ich mich erinnere.
Auch finden Marder (während der Brunft), Katzen und Hunde **Lavendel** teils sehr anziehend, wälzen sich dann aber eher darin (um sich zu parfümieren)

AYURVEDA – WISSEN
&
CHAKRENREINIGUNG

Was genau sind Chakren?

Chakra ist ein Wort aus dem Sanskrit und bedeutet Rad oder Kreis. Die Chakren strahlen Lebensenergie aus, das im ayurvedischen sogenannte Prana.
Chakren sind die feinstofflichen Energiezentren unseres Körpers. Man kann sie sich quasi als sich drehende Wirbel im Körper vorstellen.

Jedes Organ, Gewebe und jede Zelle im Körper besteht aus Schwingungsenergie. Sogar unser geistiger und emotionaler Zustand ist Energie, die mit unterschiedlichen Frequenzen schwingt.

Die Chakren sind das Schwingungsenergiesystem des Körpers und müssen richtig ausbalanciert und erhalten werden, um in Harmonie zu sein.

Ton ist eine Schwingungsfrequenz. Klangtherapie und Energietechniken werden zum Ausgleichen und Ausrichten der Chakren eingesetzt.
Die Solfeggio-Frequenzen bilden eine alte Tonleiter, die in geistlicher Musik und Gesängen verwendet wird. Diese Frequenzen können verwendet werden, um Ihr gesamtes Chakrensystem zu heilen und mit Energie zu versorgen.
Jeder Solfeggio-Ton besteht aus einer Frequenz, die Ihre Energie ausgleicht und Körper, Geist und Seele in perfekter Harmonie hält.

Jede Frequenz hat spezifische spirituelle und physische Heileigenschaften und kann DNA reparieren.
Jede Solfeggio-Frequenz entspricht direkt den Hauptchakren.
Jeder Ton enthält die genaue Frequenz, um unsere Energie auszugleichen, und der Klang verstärkt das Gleichgewicht, das jedes Chakra benötigt, um ein perfektes energetisches Gleichgewicht aufrechtzuerhalten.

Von unten nach oben:

396 Hz	Das Wurzel-Chakra	Urvertrauen rot
417 Hz	Das Sakral-Chakra	Sexualität, Kreativität orange
528 Hz	Das Solar-Plexus-Chakra	Weisheit, Macht gelb
639 Hz	Das Herz-Chakra	Liebe, Heilung grün

741 Hz	Das Hals-Chakra	Kommunikation hellblau
852 Hz	Das 3. Augen Chakra	Wahrnehmung blau
963 Hz	Das Kronen-Chakra	Spiritualität lila

Die 7 Chakren sind die Energiezentren in unserem Körper, in denen Energie fließt. Sowohl innere, eigene Energie, als auch die allgemeine uns umgebende Energie.

* * *

Die 7 Chakren:
Übersicht, Farben und Bedeutung

Quelle:
https://www.akademie-sport-gesundheit.de/magazin/7-chakren.html

Das Konzept der Chakren ist in den alten Traditionen des Hinduismus verwurzelt, findet sich aber auch im Buddhismus und hat seinen Weg in spirituelle Traditionen wie Yoga gefunden.
Nach diesem Konzept besteht der physische menschliche Körper nicht nur aus Knochen, Muskeln, Organen und Haut.
Vielmehr besteht er aus verschiedenen Schichten von Energiefeldern, die den physischen Körper umgeben.
Diese Schichten bilden den sogenannten feinstofflichen Körper, der auch als Energiekörper bezeichnet wird.

Chakra	Sanskrit	Lage	Lebensthema
Kronenchakra	Sahasrara	Schädeldecke	Höheres Bewusstsein, Verbindung zum Göttlichen
Drittes Auge/ Stirnchakra	Ajna	Zwischen den Augenbrauen	Konzentration,36

Kehlchakra	Vishuddha	Kehlkopf/ Halsmitte	Selbsterkenntniss Kommunikation Ausdruck Reinigung
Herzchakra	Anahata	Brustmitte	Liebe, Mitgefühl, Offenheit
Nabelchakra/ Solarplexus	Manipura	Solarplexus, Bauchnabel	Willenskraft, Selbstvertrauen, Transformation
Sakralchakra	Svadhisthana	Genitalbereich	Sexualität Kreativität Lebensfreude
Wurzelchakra	Muladhara	Steißbein	Existenz Materielles Lebenskraft

Auswirkungen auf Körper, Geist und Seele:

Wurzelchakra: Muladhara

Das Wurzelchakra befindet sich an der Basis der Wirbelsäule und bildet die Grundlage deines Energiesystems.
Es ist die Grundlage deiner Existenz und deines körperlichen Wohlbefindens und hilft dir, dich sicher, verbunden und versorgt zu fühlen.
Er bestimmt auch deine Instinkte wie Hunger, Sex und Schlaf sowie deinen Überlebensinstinkt.
Außerdem wird das Muladhara Chakra mit dem Element Erde in Verbindung gebracht, was seine erdenden Eigenschaften unterstützt, und mit der **Farbe Rot**.
Wenn das Wurzelchakra aus dem Gleichgewicht ist, äußert es sich in Unausgeglichenheit im Körper und in Angstzuständen und beeinträchtigt dein Gefühl von Sicherheit und Zugehörigkeit.

Ist es hingegen ausgeglichen, fühlst du dich zuversichtlich, sicher und geerdet.

Zu den **Yogastellungen**, die dazu beitragen, das erste Chakra auszugleichen, gehören Asanas, die Erdung und Stabilität durch die Beine aufbauen, wie die Bergstellung, alle Kriegerstellungen und die ausgleichenden Stellungen.
Sie ermöglichen es dir, dich über die vier Ecken der Füße mit der Energie der Erde zu verbinden und diese Energie nach oben zu leiten, um den gesamten Körper zu versorgen.

Das zweite Chakra, Svadhishthana Chakra genannt, befindet sich im Beckenbereich.
Es ist dein kreatives Zentrum des Selbstausdrucks, der Emotionen und der Freude.
Es steuert deine Wünsche und Lüste und beeinflusst die Fortpflanzung und deine Lebensfreude.
Da das Beckenchakra mit dem Element Wasser in Verbindung gebracht wird, hat es die gleichen flüssigen und fließenden Eigenschaften.
Die entsprechende Farbe des Regenbogenspektrums ist orange.
Wenn dieses Chakra blockiert ist, kannst du Anhaftung sowie alle Arten von Verlangen und sogar Abhängigkeiten erleben. Du kannst dich dann sexuell und emotional frustriert fühlen und dir fehlt die Motivation, eine Leidenschaft im Leben zu finden.
Wenn das zweite Chakra im Gleichgewicht ist, können wir uns leicht mit anderen verbinden und Freude im Leben finden.

Beim Chakra-Yoga stimulieren drehende Yogastellungen die Durchblutung im Beckenbereich.
Außerdem helfen dir hüftöffnende Asanas und Kniebeugen dabei, dein Bewusstsein in dieses Zentrum zu bringen.

Nabelchakra/ Solarplexus: Manipura

Das dritte Chakra, Manipura Chakra genannt, befindet sich am Nabel und leuchtet in hellem Gelb.
Es ist der Kern deiner Identität, deines Egos und deiner

Persönlichkeit und hilft dir, deinen Sinn für Willenskraft und Entschlossenheit zu entwickeln.
Auf körperlicher Ebene reguliert das Sonnengeflecht dein Verdauungssystem, dein Sehvermögen und deine Fortbewegung.
Er gilt auch als das Pranazentrum des Körpers und wird mit dem Element Feuer in Verbindung gebracht, da er dieselben transformativen und hitzeerzeugenden Eigenschaften hat.

Ein unausgeglichenes Manipura Chakra kann zu
geringem Selbstvertrauen und erhöhtem Stress führen.
Wenn das Solarplexus-Chakra ausgeglichen ist, fühlst du
 dich selbstbewusster und leistungsfähiger.
Da sich dieses Chakra im Bauch befindet, sind **Yoga-
Posen**, die diesen Bereich stärken, perfekt geeignet, um
den Kern und das innere Feuer zu aktivieren.
Und natürlich gibt es keine bessere Übung, um die Hitze
in Energieblockaden oder Ungleichgewichte zu
beseitigen und deinen Körper zu wecken, als den
Sonnengruß.

Herzchakra: Anahata

Das vierte Energiezentrum befindet sich in der
Brustwirbelsäule in der Nähe des Herzens und der Lunge
und wird Anahata Chakra genannt.
Es wird durch die Farbe **Grün** repräsentiert und ist der
Sitz des Selbst.

Es ist mit dem Element Luft verbunden und bestimmt
deinen Tastsinn. Es ermöglicht dir, dich mit anderen zu
verbinden und Mitgefühl, Großzügigkeit und Respekt zu
empfinden.

Ein ausgeglichenes Herzchakra ermöglicht es dir, Liebe
zu geben und zu empfangen und deine Spiritualität zu
entwickeln.
Es ermöglicht dir, Liebe für dich selbst und andere zu
erfahren und intime Beziehungen einzugehen.
Es ist das Tor, durch das du Liebe in dein Leben einladen
kannst.

Ein Ungleichgewicht in diesem Chakra kann dazu führen, dass du die Verbindung zu anderen verlierst und Gefühle von Wut und emotionaler Gefühllosigkeit entwickelst.

Herz- und brustöffnende **Yogapositionen** können mehr Licht ins Anahata Chakra bringen und die Energiezentren des Herzens öffnen.

Kehlchakra: Vishuddha

Das fünfte Chakra hat seinen Platz in der Kehle und regelt Stimme, Sprache und Gehör.
Das **blau** gefärbte Vishuddhi Chakra wird mit dem Element des Raums in Verbindung gebracht und soll deine endokrinen Drüsen steuern und deinen Stoffwechsel regulieren.

Das Kehlchakra ist dein kreativer Ausdruck und hilft dir, aufrichtig mit dir selbst und anderen zu sprechen und zu kommunizieren.
Es kann daher einen großen Einfluss auf deine Originalität und dein Selbstvertrauen haben, deine Wahrheit auszusprechen und allgemein in der Öffentlichkeit zu sprechen.

Energieblockaden in diesem Chakra können deinen authentischen Ausdruck beeinträchtigen und zu Problemen mit der Kommunikation und der Fähigkeit, Nahrung aller Art aufzunehmen, führen.
Du könntest sogar Probleme mit Ohren, Nase und Rachen bekommen und deine Kreativität blockieren.

Ist das Vishuddhi Chakra hingegen im Gleichgewicht,

fühlst du dich sicher, deine Kreativität und die lebensbejahenden Aspekte deines Wesens zum Ausdruck zu bringen.

Yogastellungen, die auf die Kehle abzielen, wie der Schulterstand (Salamba Sarvangasana), die Brückenstellung (Setu Bandha Sarvangasana), die Pflugstellung (Halasana) und die Fischstellung (Matsyasana) helfen dir, das Kehlchakra auszugleichen und zu reinigen.

Drittes Auge/ Stirnchakra: Ajna

Das sechste Chakra, Ajna Chakra genannt, befindet sich in der Mitte zwischen den Augenbrauen und wird auch als Drittes Auge bezeichnet - dein Punkt der Intuition.

Es ist der Zugang zu klaren Gedanken und Selbstreflexion und gibt dir innere Führung auf deinem Lebensweg. Die entsprechende Farbe des Regenbogens, die mit dem Chakra des Dritten Auges verbunden ist, ist **Indigoblau**.

Es ist das Kontrollzentrum und der Sitz des Geistes und die Verbindung zwischen Körper und Geist.
Als solches hat es eine große spirituelle Bedeutung, denn es soll die beiden wichtigsten Pranakräfte im Körper vereinen, um den Geist für innere Stille, göttliche Sicht und Intuition zu öffnen.

Ohne diese Integration bleibst du im Bewusstsein der gewöhnlichen Realität und im Reich der Sinne gefangen. Ein falsch ausgerichtetes Ajna Chakra kann zu

Verwirrung führen und sich in körperlichen Symptomen wie Kopfschmerzen, Migräne und Schwindel äußern. Es kann auch zu Schwierigkeiten führen, deiner Intuition zu folgen und ihr zu vertrauen.

Zu den **Yogastellungen**, die dabei helfen, das Dritte-Auge-Chakra neu auszurichten, gehören die Delfinstellung (Ardha Pincha Mayurasana), die die Durchblutung des Gesichts und des Gehirns fördert und das Dritte Auge stimuliert, sowie erholsame Stellungen wie die Kinderstellung (Balasana) oder Katze und Kuh.

Kronenchakra: Sahasrara

Das letzte Chakra ist das Kronenchakra, Sahasrara genannt, und befindet sich oben auf der Kopfhaut. Es gilt als das Tor zum reinen Bewusstsein und ist die Quelle aller Chakras.

Es wird durch die Farbe **Violett** dargestellt und unterscheidet sich von den anderen Chakras dadurch, dass es keine Kreuzung von Energien ist, sondern eine Öffnung, da es das höchste Energiezentrum ist.

Das Sahasrara Chakra ist das Zentrum des Glaubens, der Hingabe und der Inspiration und verbindet dich mit dem Unendlichen und Grenzenlosen.

Wenn dieses Chakra aus dem Gleichgewicht geraten ist, kann es sein, dass du dem Leben im Allgemeinen eher negativ gegenüberstehst und von deinem spirituellen Vertrauen sowie von deinem Körper, der Welt um dich herum und deinem Höheren Selbst abgekoppelt bist.

Wenn du das Kronenchakra wieder ins Gleichgewicht bringst, kannst du Frieden und Ruhe erfahren und eine positive Einstellung zu deinem Leben entwickeln.

Um in dein Bewusstsein zu kommen, benutze das **Kronen-Mudra.**
Bringe Daumen und Zeigefinger dazu, sich zu berühren, und spreize die anderen Finger zu den Seiten hin aus.
Hebe so etwa eine Hand über deinen Kopf und halte die Schultern weich.
Spüre die Energie, die du von der Basis deiner Wirbelsäule bis zum Scheitel deines Kopfes kultiviert hast.
Gehe durch alle 7 Chakras, während du dieses Mudra hältst.

Chakra-Meditation

Die Chakra-Meditation ist das Zentrum der Chakrenarbeit und hilft dabei die Chakren wahrzunehmen, zu öffnen und zu spüren.

Die Meditation beinhaltet, neben bestimmten Atemtechniken, vor allem die Lenkung der Aufmerksamkeit und Lebensenergie auf die einzelnen Chakren.
Begonnen wird dabei vom untersten Chakra (Wurzelchakra) nach oben zum obersten Chakra (Kronenchakra).

Fazit

Das Chakra-System kann als Beschreibung für die Gesamtheit des menschlichen Körpers dienen: den physischen, mentalen und emotionalen Körper.

Chakra-Yoga ist die praktische Anwendung dieses Modells und soll die Gesundheit stärken, das Selbstbewusstsein fördern und zu spiritueller Weisheit führen.
Es soll körperliche, emotionale und mentale Ungleichgewichte im Körper korrigieren und das Bewusstsein auf die feineren Ebenen des Bewusstseins lenken und so Hindernisse auf dem Weg zur Selbstverwirklichung beseitigen.
Unabhängig davon, ob du glaubst, dass du dadurch deine Energiezentren reinigen kannst, wird eine regelmäßige Yogapraxis jeglicher Art mit Sicherheit deine Gesundheit und dein Wohlbefinden fördern.

* * *

Ayurveda – Wissen

Traditionelle indische Medizin

Quelle:
https://www.deine-gesundheitswelt.de/balance-ernaehrung/ayurveda
Gefunden auf der Onlineseite der AOK

Ayurveda in ein Bestandteil der traditionellen Heilkunde und bedeutet in der altindischen Sanskritsprache „das Wissen vom Leben".
Bereits seit über 2000 Jahren wird Ayurveda in der Volksmedizin Südasiens praktiziert und gehört damit zu einem der ältesten naturheilkundlichen Systeme in der Geschichte.
Waren die Heilverfahren des Ayurveda zunächst nur durch Ölmassagen oder manuelle Anwendungen bekannt, sind sie inzwischen in der Naturheilkunde und Komplementärmedizin fest vertreten.
Immer mehr Menschen zeigen Interesse an den unterschiedlichen Möglichkeiten des Ayurveda und glauben fest an die heilende Wirkung.
Besonders bei Patienten und Patientinnen mit chronischen oder lebensstil- und stressassoziierten Erkrankungen, gewinnt die ergänzende Behandlung durch Ayurvedatherapien stark an Bedeutung.

Was ist Ayurveda?

Die Anwendungsgebiete der Ayurveda umfassen ein komplettes Diagnose- und Therapiesystem. Es wird sich nicht auf einzelne Organe konzentriert, sondern Patienten und Patientinnen werden als Ganzes betrachtet.
Das Heilverfahren sieht den menschlichen Körper und die Seele als Einheit, die stets im Gleichgewicht sein sollten.

Es ist die älteste uns überlieferte medizinische Wissenschaft und ihre zentralen zugrundeliegenden Prinzipien besitzen bis heute ihre Gültigkeit.

Ayurveda bedeutet in der altindischen Sanskritsprache das **"Wissen vom Leben"**.

Wie du fast jedes Problem löst

Unfokussiert? Gehe joggen, um den Kopf frei zu bekommen und die Endorphine für eine bessere Konzentration zu steigern.

Aufgewühlt? Atme tief durch, um die natürliche Entspannungsreaktion des Körpers zu aktivieren.

Müde? Ein kurzer Spaziergang kann die Durchblutung fördern und dem Körper neue Energie geben.

Einsam? Ein Anruf bei einem Freund kann Trost spenden und ein Gefühl der Verbundenheit vermitteln – oder schicken mir eine DM :)

Ausgebrannt? Gehe in die Natur, um deinen Geist zu regenerieren und abseits des Chaos zur Ruhe zu kommen.

Beschäftigt? Genieße es, einen Moment lang nichts zu tun, um deine geistigen Batterien wieder aufzuladen.

Hungrig? Esse Mandeln; sie sind ein nahrhafter Snack, der den Blutzuckerspiegel stabilisieren kann.

Ängstlich? Das Streicheln eines Hundes oder einer Katze kann beruhigende Hormone wie Oxytocin freisetzen.

Leeregefühl? Begib dich auf ein kleines Abenteuer, um Neugierde und Erfüllung zu wecken.

Zweifel? Bitte um Rat, um neue Perspektiven und Einsichten zu gewinnen.

Besorgt? Das Führen eines Dankbarkeitstagebuchs kann den Fokus von Sorgen auf Positives lenken.

Traurig? Spiele fröhliche Musik, um deine Stimmung zu heben und zu verbessern.

Was darf man bei Ayurveda nicht essen?
Saure, scharfe und erhitzende Lebensmittel sind **nicht**
gut für dich.
Süßes und bitteres Gemüse sowie Rohkost sind perfekt
für dich.
Gewürze wie Kurkuma, Fenchel, Koriander, Kardamon
und Gartenkräuter gleichen dein Verdauungsfeuer wieder
aus.

Für wen ist Ayurveda geeignet?
Ayurvedische Methoden eignen sich besonders für
Menschen mit funktionellen und psychosomatischen
Störungen wie Migräne, Schlaflosigkeit,
Verdauungsbeschwerden und Bluthochdruck.
Auch durch Stress verursachte Probleme wie
Magenschmerzen oder Störungen der Sexualität gehören
dazu.

* * *

Einige Tipps zur Ayurveda Ernährung:

Nicht empfohlen werden:

Kuhmilchprodukte und Obst
sind laut Ayurveda »viruddha«, das heißt **unvereinbar**.
Unser Körper kann diese Kombination schlecht
verstoffwechseln.
Es kommt zu unverdauten Stoff Wechselrückständen
Ama) im Körper. Manche bemerken dann ein
Magengrummeln.

Tomaten:
Es gibt vielerlei Gründe, warum Leute keine Tomaten
essen.

Manch einer verträgt sie einfach nicht, außerdem
enthalten sie Histamin und können dadurch
Unverträglichkeiten hervorrufen und Tomaten gelten im
Ayurveda als Säure-fördernd bzw. Pitta-erhöhend.

Kaffee:
Bei Vata-Menschen kann der Konsum von Kaffee zu
Verdauungsstörungen, wie zum Beispiel zu Verstopfung,
führen oder diese verschlimmern.
Deshalb sollten Vata-Menschen nur gelegentlich den
Kaffee als Genussmittel konsumieren.

Käse:
Agni (die Verdauungskraft) wird geschwächt und der Weg
zu Verdauungsstörungen ist oft nicht mehr weit.
Obwohl Käse als proteinreiches Nahrungsmittel
betrachtet wird, enthält er auch eine hohe Menge an Fett,
was ihn schwer verdaulich machen kann.

Keine Kombinationen von:
Fleisch sollte **nicht** mit Honig, Sesam, Milch, Rettich,
Zuckerrohrprodukten oder Sprossen kombiniert werden.
Das würde zu verschiedenen Nervenstörungen führen.

Fisch nicht mit Banane, Milch, Joghurt und Buttermilch
kombinieren.

Frische Früchte am besten nicht mit gekochten Speisen
kombinieren.

Kartoffeln:
Sie haben es in sich, denn sie enthalten viel Stärke. Das
macht lange satt, kann aber auch in Hüftgold um-
schlagen, wenn man zu viel davon isst.

Im Ayurveda wird die Kartoffel als Gemüse betrachtet und nicht als Beilage, denn Kartoffeln verstärken das Tamas Guna (das ist die Eigenschaft schwer und träge).

Trinken
Zu den Mahlzeiten nicht trinken.
Um das Verdauungsfeuer nicht zu löschen, sollte man eine bis anderthalb Stunden vor und nach dem Essen nichts trinken.
Zum Essen hat sich das schluckweise Trinken von einem Glas **heißen Wassers** jedoch als verdauungsfördernd erwiesen.

BLUTHOCHDRUCK

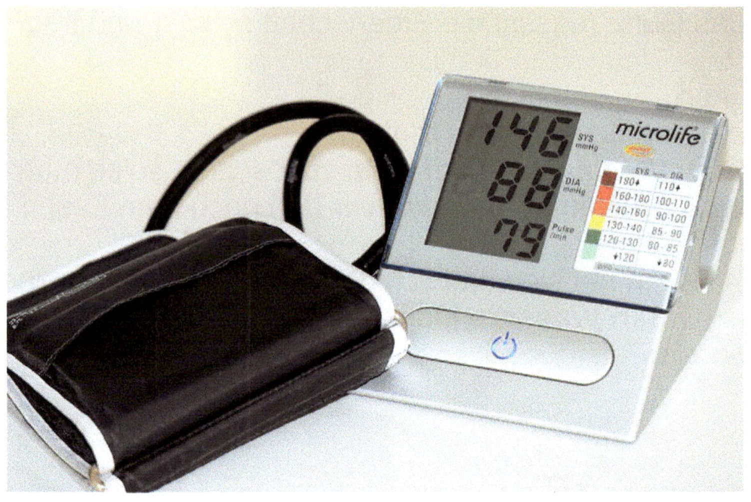

Welcher Mangel kann Bluthochdruck begünstigen?

Die Ergebnisse zahlreicher Studien belegen, dass ein
Mangel an Magnesium und an Vitamin D die
Entwicklung eines Bluthochdrucks begünstigt.

* * *

Wann haben Sie einen Bluthochdruck?

Optimal sollte der Blutdruck bei **120/80 mmHg oder
darunter liegen.**
Werte knapp darüber gelten als normal.
Werden in der Arztpraxis mehrfach Werte ab 140/90
mmHg gemessen, spricht man von Bluthochdruck Grad 1

Werte ab 160/100 mmHg gelten als mittlerer, ab
180/110 mmHg als schwerer Bluthochdruck.   52

Anmerkung von mir:
Mal ehrlich, wenn ich einen Blutdruck habe von 120/80
oder gar darunter, geht es mir nicht wirklich gut!
Daher sollte man sich durch diese neueste Aussage von
„ Fachleuten „ nicht in die Angst treiben lassen!

* * *

Viel Wasser trinken
Manchmal kann es helfen, viel zu trinken, um den
Blutdruck zu senken.
Denn: Mangelt es dem Körper an Wasser, schüttet er
bestimmte Hormone aus.
Sie sorgen unter anderem dafür, dass sich die
Blutgefäße zusammenziehen – und dadurch steigt der
Blutdruck.
In diesem Fall ist es also sinnvoll, den Mangel
auszugleichen.

Atemtechnik
Über ein kleines Filtergerät gegen einen Widerstand
einzuatmen, kann helfen, den Blutdruck zu senken.
In einer Studie genügten bereits fünf Minuten
Widerstandsatmung täglich, um den Blutdruck effektiv
und nachhaltig zu senken.

Zitronenwasser
Auch Zitronenwasser soll dabei helfen, den Blutdruck zu
senken. Verantwortlich dafür sind die enthaltenen Bio-
Flavonoide, indem sie die Wirkung des körpereigene,
blutdrucksteigernde Enzyms ACE (Angiotensin
Converting Enzyme) hemmen.

Welches Vitamin fehlt bei hohem Blutdruck?
Vitamin K.

Ein erniedrigter Vitamin-K-Spiegel ist mit Hypertonie assoziiert, insbesondere in Kombination mit niedrigen Vitamin-D-Konzentrationen.
Bei Hypertonie-Patienten erhöht ein Vitamin-K-Mangel das Risiko für kardiovaskuläre Erkrankungen.

* * *

Gemüse mit viel Vitamin K:

Durchschnittswert in mg in 100 g essbarem Gemüse

Brokkoli, gekocht, abgetropft	270
Brunnenkresse	250
Fenchel, Blatt	240
Grünkohl	817
Kichererbsensamen, trocken	264
Portulak	381
Rosenkohl	236
Schnittlauch	380
Sojamehl, vollfett	200
Spinat	305
Traubenkernöl	280

Portulak

Wie ist Ihre Schlafposition?
Bei entsprechenden Untersuchungen wurde festgestellt, dass es hilfreicher ist, auf der rechten oder linken Seite zu schlafen.
Bei der Rücken- und Bauchposition kommt es öfters in der Nacht zu Atemaussetzern.

Hier finden Sie mehr Informationen dazu:
https://www.cardiopraxis.de/entlastung-im-schlaf-bluthochdruck-benommenheit-schwindel-herzschwaeche/

Massieren an der richtigen Stelle
Tasten Sie mit Mittel- und Zeigefinger **den Puls der Halsschlagader im linken Kieferwinkel**.
Massieren Sie diesen Bereich leicht.
Bitte legen Sie sich dazu hin, da es sein kann, dass der Blutdruck kurzzeitig stärker abfällt und es Ihnen schwindlig wird. Massieren Sie immer nur eine Seite! 55

ACHTUNG!!
So wie sich einige Lebensmittel günstig auf den
Blutdruck auswirken können, so können andere die
Blutdruckwerte erhöhen.

Hier ist vor allem "**echte**" **Lakritze** zu nennen.
Das darin enthaltene Glycyrrhizin aus dem eingedickten
Saft der Süßholzwurzel, bzw. die daraus freigesetzte
Glycyrrhetinsäure, wirkt auf das Kalium-Natrium-
Gleichgewicht und den Wasserhaushalt im Körper.
Infolgedessen kann der Blutdruck steigen.
Der Konsum von pro Tag 5 Gramm "Erwachsenenlakritz"
(stark oder mit Salmiak, Obergrenze 100 mg Glycyrrhizin)
sollte nicht überschritten werden.
Menschen mit hohem Blutdruck sollten auf Glycyrrhizin-
haltiges Lakritz ganz verzichten.

Lakritze

Diese Nahrungsmittel können Ihnen helfen
ihn zu senken.

Hibiskustee

Neben den antientzündlichen Effekten kann er Krämpfe
(zum Beispiel Menstruationsbeschwerden) lindern,
erhöhten Blutdruck und den Cholesterinspiegel senken,
die Verdauung und den Stoffwechsel ankurbeln und hat
ebenso wirksame Anti-Aging-Effekte.
Zudem soll er beruhigend und nervenstärkend wirken.

Studien haben gezeigt, dass Hibiskustee helfen kann,
den Blutdruck zu senken, die Gesundheit des Herzens zu
verbessern und das Gewicht zu kontrollieren.
Darüber hinaus kann er dazu beitragen, das Risiko für

bestimmte Arten von Krebs zu reduzieren und die
Gesundheit der Leber zu verbessern.

Wie schnell sinkt der Blutdruck mit Hibiskustee?
Der Effekt nach sechs Wochen:
Der regelmäßige Genuss von Hibiskus-Tee ließ den
systolischen Blutdruck im Schnitt **um 7,2 mmHg sinken**,
das Placebo-Getränk dagegen **nur um 1,3 mmHg**.
Auch beim diastolischen Blutdruck gab es einen -
wenngleich weniger ausgeprägten - Unterschied
zugunsten der Teetrinker.

Gibt es Nebenwirkungen von Hibiskustee?
Derzeit sind bei der Anwendung von Hibiskusblüten keine
Neben- oder Wechselwirkungen mit anderen Mittel bzw.
Gegenanzeigen bekannt.

Schnelle Hausmittel um den Blutdruck zu senken:
-        Ein kleines Glas Wasser trinken.
-        Ein Glas Rote-Bete-Saft trinken – Rote Bete
         enthält blutdrucksenkendes Nitrat.
-        Einen Riegel dunkle Schokolade (mindestens 85
         Prozent Kakaogehalt) essen – die enthaltenen
         Flavonoide senken ebenfalls den Blutdruck.
-        Einen Spaziergang oder
-        ein paar leichte Dehnungsübungen machen.

**Bestimmte Personengruppen sollten keinen
Hibiskustee trinken:**
Hibiskustee ist zwar gesundheitlich unbedenklich, kann
aufgrund der enthaltenen Säure bei einigen Menschen

-        Magen- und Darmbeschwerden verursachen.

\-   Schwangere und stillende Personen sollten jedoch
keinen Hibiskustee trinken, da er im Verdacht
steht, hormonell wirksam zu sein.

Rote Beetesaft

Ein Glas Rote Beetesaft kann einen erhöhten Blutdruck
recht schnell senken!

* * *

Welche Lebensmittel können den Blutdruck senken?

Obst:
Kiwi, Nektarinen, Beerenobst, Äpfel, Birnen
Davon sollten 2 Handvoll gegessen werden.

Gemüse:
Salat ganz besonders Feldsalat, Grünkohl, Spargel,
Spinat, Rote Beete, Erbsen, Pilze, Paprika, Brokkoli,
Tomaten

* * *

Die besten blutdrucksenkenden Inhaltsstoffe

Bei dem Wunsch, den Blutdruck auf natürliche Weise zu
senken, ist eine Ernährungsumstellung in Kombination
mit Sport ein Weg zu normalen Blutdruckwerten.
Oft gelingt es, den Blutdruck zu senken durch die
Aufnahme von bestimmten Inhaltsstoffen in
Lebensmitteln.
Dadurch müssen in vielen Fällen weniger Medikamente
eingenommen werden. Unten liest du, um welche
Inhaltsstoffe es geht und in welchen Lebensmitteln sie
stecken.

Inhaltsstoff	Enthalten unter anderem in
Flavonoide	Äpfeln, Beeren
Folsäure	Spinat, Tomaten, Hülsenfrüchten, Nüssen, Orangen, Vollkornprodukten
Kalium	Aprikosen, Bananen, Karotten, Kohlrabi, Trockenobst, Mandeln, Bitterschokolade
L-Arginin	Kürbiskernen, Garnelen, Hülsenfrüchten
Magnesium	Hülsenfrüchten, Spinat, Garnelen, Kürbiskernen, Mandeln, Bitterschokolade
Nitrat	Rucola, Spinat, Rote Beete, Kopfsalat, Radieschen, Rettich
Ungesättigte Fettsäuren	Lachs, Hering, Pflanzenöle (z.B. Olivenöl, Rapsöl, Nussöl, Maiskeimöl), Walnüssen
Resveratrol	Roten Weintrauben, Himbeeren, Äpfeln, Erdnüssen
Vitamin D	Der größte Teil des Vitamin D-Bedarfs wird durch Sonnenlicht gedeckt. Lachs, Hering und Eigelb sind auch Quellen.

Welche Lebensmittel können den Blutdruck senken?

Die richtige Ernährung bei Bluthochdruck sollte vielseitig sein und **pflanzlich betonte Kost** betonen.
Dabei sollten Gemüse und Obst einen möglichst hohen Anteil an der täglichen Nahrungsaufnahme haben.

Gerade Gemüse und das richtige Speiseöl, wie z.B. Olivenöl, gelten als wahre natürliche Blutdrucksenker.

Weitere geeignete Lebensmittel bei Bluthochdruck stehen in der nachfolgenden Tabelle.

Empfehlung	Geeignete Lebensmittel	Menge pro Tag
gesunde Öle	Pflanzliche Öle wie Raps-, Oliven-, Walnuss-, Hanf oder Leinöl bevorzugen	15 bis 35 Gramm
Seefische	Thunfisch, Hering, Lachs, Makrele	70 Gramm (1-2 mal pro Woche)
Obst	Kiwi, Nektarinen, Beerenobst, Äpfel, Birnen	2 Handvoll
Gemüse	Salat (insbesondere Feldsalat), Grünkohl, Spargel, Spinat, Rote Beete, Erbsen, Pilze, Paprika, Brokkoli, Tomaten u. a.	3 Handvoll
naturbelassene Nüsse und Kerne	Walnüsse, Cashews, Pistazien, Mandeln, Paranüsse, Haselnüsse, Pinienkerne, Kürbiskerne	40 Gramm
Fleisch	Mageres Fleisch wie Hühnchenfleisch oder Putenbrustaufschnitt	Höchstens 1 bis 2-mal pro W. geringe Menge
Eier	Eier	Höchstens 1-2
Milchprodukte	Fettarme Milch, Buttermilch, Magerquark, Joghurt, Harzer Käse, körniger Frischkäse	3 Portionen (= Tassen)

61

| Süßigkeiten | Zartbitterschokolade mit mindestens 70% Kakaogehalt | Selten |
| Natriumarmes Wasser | Wasser mit unter 20 mg Natrium pro Liter | 2 Liter |

- Bei Bluthochdruck wird oft zu der sogenannten **mediterranen Küche** geraten.
- Diese Ernährungsform wird auch Mittelmeerdiät genannt und stützt sich auf Gemüse, Obst und moderaten Fischkonsum.
- Der Körper braucht ausreichend Flüssigkeit, damit das Blut optimale Fließeigenschaften besitzt.
- Trinke daher viel, zwei Liter täglich. Wasser und ungesüßte Tees bieten sich an.
- Kalorienhaltige Getränke sowie Getränke mit Süßungsmitteln solltest du dagegen vermeiden.
- In verarbeiteten Lebensmitteln ist häufig Kochsalz versteckt, sodass frisch gekochte Speisen bei Bluthochdruck unbedingt zu bevorzugen sind.

* * *

Die besten blutdrucksenkenden Kräuter und Gewürze

- Gewürze und Kräuter machen Gerichte schmackhafter.
- Sie zählen zu den Lebensmitteln, die den Blutdruck senken können.
- Salz hingegen bindet Wasser im Körper, wodurch die Blutmenge steigt und sich der Druck in den Gefäßen erhöht.
- Die meisten Menschen unterschätzen die

Salzmenge, die unter anderem in Brot, Brötchen, Käse und anderen Lebensmitteln steckt.
- Kräuter statt Salz lautet daher die Devise.

Probier doch einmal die folgenden Kräuter oder Gewürze aus:

Zimt
senkt zumindest kurzfristig den systolischen Blutdruck (oberer Messwert, wenn sich das Herz zusammenzieht).
Zimt verfeinert Gebäck, Suppen und Currys.

Ingwer
verbessert die Blutzirkulation und hat eine leicht gefäßerweiternde Wirkung, was sich positiv auf den Blutdruck auswirken kann.
Ingwer ist besonders lecker als frischer Tee und macht sich hervorragend in kräftigen Speisen und Suppen.

Kardamom
zählt zu den Ingwergewächsen.
In Studien reichten schon wenige Gramm Kardamom pro Tag aus, um den Blutdruck zu senken.
Kardamom kann zum Verfeinern von Brot und Backwaren eingesetzt werden.

Basilikum:
Die Blätter enthalten Eugenol, das eine blutdrucksenkende Wirkung hat.
Tipp: Probier doch einmal einen Basilikumtee.

Petersilie
trägt durch eine Steigerung der Blutzirkulation und durch

einen entwässernden Effekt zur Senkung des Blutdruck
bei. Lecker ist Petersilie zusammen mit Basilikum und
Knoblauch in einem Pesto.

Knoblauch
enthält Allicin, das zur Senkung des Blutdrucks beiträgt.

Kakao
ist reich an Flavanol.
Dies trägt durch eine Erweiterung der Blutgefäße zu
einer geringfügigen Senkung des Blutdrucks bei.
Bereits geringe Mengen pro Tag sind ausreichend.
Kakao eignet sich sehr gut für die Zubereitung von
Energy Balls.

* * *

Welche Lebensmittel sollten vermieden werden?

Bei Bluthochdruck sollten Lebensmittel vermieden
werden, die einen **hohen Anteil an Salz, gesättigten**

Fettsäuren und Zucker enthalten.

Dazu gehören beispielsweise:
-        Fast Food,
-        Fertigprodukte,
-        verarbeitete Fleischprodukte,
-        extrem fettreiche Milchprodukte,
-        süße Getränke und Snacks.
-        Auch stark salzhaltige Lebensmittel wie Chips,
-        geräuchertes Fleisch oder
-        eingelegtes Gemüse sollten eher gemieden
         werden.

Stattdessen solltest du auf eine ausgewogene Ernährung
-	mit viel Gemüse,
-	Obst,
-	Vollkornprodukten und
-	mageren Eiweißquellen wie Huhn, Fisch und Bohnen setzen.
-	Alkohol solltest du in moderaten Mengen oder gar nicht konsumieren, da Alkohol den Blutdruck erhöhen kann.

Eine Studie hat herausgefunden, dass dies linear geschieht:
Je mehr Alkohol konsumiert wird, desto mehr steigt der Blutdruck. Die Ursachen sind nicht genau geklärt. Vermutlich liegt es an einer gesteigerten Sympathikusaktivität, der eine Erhöhung der Herzfrequenz folgt.

* * *

Mit Flavonoiden den Blutdruck senken :

Welche Rolle spielt die Darmflora?

Quelle:
https://www.bzfe.de/service/news/aktuelle-meldungen/news-archiv/meldungen-2021/september/mit-flavonoiden-den-blutdruck-senken/

(BZfE) – Wer mit der Nahrung flavonoidreiche Lebensmittel wie Beeren oder Äpfel aufnimmt, kann den Blutdruck senken und dadurch Herz-Kreislauf-Erkrankungen entgegenwirken.

Dieser positive Effekt lässt sich zumindest teilweise durch eine größere Vielfalt der Darmflora erklären, hat eine Studie aus Nordirland gezeigt.
Flavonoide sind sekundäre Pflanzenstoffe, die natürlicherweise:

- in vielen Obst- und
- Gemüsesorten,
- aber auch in Tee,
- Schokolade
- und Wein vorkommen.

Frühere Untersuchungen haben gezeigt, dass sie sich positiv auf Gesundheit und speziell auf die Blutgefäße auswirken.
Da die sekundären Pflanzenstoffe durch Bakterien im Darm abgebaut werden, wird ein Zusammenhang zwischen Ernährung, Mikrobiom und Herz-Kreislauf-Erkrankungen vermutet.

Als Mikrobiom bezeichnet man die Gesamtheit aller Mikroorganismen im menschlichen Körper, vorwiegend im Darm.

An der aktuellen Studie nahmen über 900 Erwachsene im Alter von 25 bis 82 Jahren teil, die Angaben zu ihren Ernährungs- und Lebensgewohnheiten machten.

Die Wissenschaftler berechneten die Verzehrsmengen bestimmter flavonoidreicher Lebensmittelgruppen wie Äpfel, Birnen, Beeren oder Rotwein im vergangenen Jahr und prüften regelmäßig den Blutdruck.
Anhand von Stuhlproben wurden die Art und Menge der Bakterien im Darm bestimmt.

Wenn die Testpersonen reichlich flavonoidreiche Lebensmittel aßen, hatten sie einen niedrigeren Blutdruck als solche mit einem geringen Konsum.

So war die Aufnahme von 1,6 Portionen Beeren pro Tag (eine Portion = 80 g) mit einer durchschnittlichen Senkung des systolischen Blutdrucks um 4,1 mm Hg verbunden.
Der systolische Wert ist der obere Messwert und entspricht dem maximalen Druck, der bei der Anspannungs- und Auswurfphase des Herzens erreicht wird.
Bis zu 15 Prozent des Zusammenhangs zwischen flavonoidreicher Kost und Blutdruck war durch eine größere Vielfalt des Darmmikrobioms zu erklären.

„Unser Darmmikrobiom spielt eine Schlüsselrolle bei der Verstoffwechslung von Flavonoiden, um deren schützende Wirkung auf das Herz-Kreislauf-System zu verstärken.
Die Studienergebnisse geben Hinweise, dass der blutdrucksenkende Effekt durch einfache Änderungen in der Ernährung erreicht werden kann", erklärt Studienleiterin Dr. Aedin Cassidy von der Queen´s University in Belfast, Nordirland. Allerdings ist zu bedenken, dass eine Beobachtungsstudie keine ursächlichen Zusammenhänge nachweisen kann.

Zukünftige Untersuchungen sollen die Bedeutung des Stoffwechsels in den Vordergrund stellen und klären, warum manche Menschen stärker von einer flavonoidreichen Kost profitieren als andere.

Schon ein kleines Bier am Tag erhöht den Blutdruck

Quelle:
(https://www.pharmazeutische-zeitung.de/schon-ein-kleines-bier-am-tag-erhoeht-den-blutdruck-141561/)

Alkohol lässt langfristig den Blutdruck steigen – und zwar nahezu linear. Das Ergebnis einer aktuellen Metaanalyse zeigt: Es gibt dafür keinen Schwellenwert.
Schon ein Standardgetränk pro Tag wirkt sich aus.

Wer Bluthochdruck vermeiden möchte, sollte sich gesund ernähren, regelmäßig bewegen – und die Finger möglichst ganz vom Alkohol lassen.
Laut einer aktuell im Fachjournal »Hypertension« publizierten Metaanalyse von Forschenden um Silvia di Federico von der Universität Modena in Italien steigt der Blutdruck langfristig bei größeren konsumierten Alkoholmengen zwar stärker als bei geringen.

Schon ein Standardgetränk à 12 g Alkohol pro Tag (ein kleines Bier, ein Achtel Wein, ein Glas Sekt oder ein doppelter Schnaps) wirkt sich aber blutdrucksteigernd aus.
Liegen die Blutdruckwerte im Grenzbereich zum Hochdruck, kann dies entscheidend zur Entwicklung einer manifesten Hypertonie beitragen.

Die Metaanalyse schloss sieben Studien mit insgesamt 19.548 Teilnehmern aus Nordamerika und Asien ein und hatte einen medianen Beobachtungszeitraum von 5,3 Jahren.
Die Auswertung ergab einen nahezu linearen

Zusammenhang zwischen dem Alkoholkonsum, den die
Teilnehmer zu Studienbeginn angaben, und der zeitlichen
Entwicklung des Blutdrucks: Je mehr Alkohol konsumiert
wurde, desto steiler stieg der Blutdruck an.
Dabei gab es keinen Schwellenwert, unterhalb dessen
dieser Zusammenhang nicht sichtbar gewesen wäre.

Insgesamt stieg der Blutdruck bei denjenigen, die ein
Standardgetränk Alkohol pro Tag konsumierten,
verglichen mit denjenigen, die vollständig abstinent
waren, im Studienzeitraum um 1,25/1,14 mmHg
(systolisch/diastolisch).
Bei einem sehr hohen Konsum von vier
Standardgetränken täglich betrug der Anstieg gegenüber
Abstinenzlern 4,90/3,10 mmHg.

* * *

Effekt bei Frauen etwas anders als bei Männern

Eine Subgruppenanalyse, bei der das Geschlecht
berücksichtigt wurde, bestätigte sowohl bei Männern als
auch bei Frauen den linearen Zusammenhang zwischen
der Menge des konsumierten Alkohols und dem
systolischen Blutdruck.
Bei Männern traf das auch auf den diastolischen
Blutdruck zu, bei Frauen gab es dagegen hier eine
umgekehrt U-förmige Assoziation (größere Mengen
Alkohol führten zu einem weniger starken Anstieg als
kleinere).
Allerdings sei die Datenlage für die Differenzierung nach
Geschlecht dünn gewesen, da in vielen Studien das
Geschlecht der Teilnehmer nicht angegeben gewesen
sei, so die Autoren.

Sie regen daher an, die Auswirkungen des chronischen

Alkoholkonsums auf den Blutdruck insbesondere bei
Frauen noch einmal genauer zu untersuchen.
Ebenfalls genauer erforscht werden sollten die Rolle des
Alters der Person sowie die Art des bevorzugten
alkoholischen Getränks (hochprozentig versus
niedrigprozentig).

Da laut ihren Ergebnissen bereits ein Standardgetränk
mit Alkohol pro Tag sowohl bei Frauen als auch bei
Männern den systolischen Blutdruck leicht steigen lässt,
könne der Verzicht hierauf, bezogen auf die gesamte
Bevölkerung, durchaus einen relevanten Beitrag zur
Verminderung der kardiovaskulären Morbidität leisten.

Besser nicht! bei hohem Blutdruck!!

BLUTVERDÜNNENDE KRÄUTER UND LEBENSMITTEL

Zimt

Um eine Hemmung der Blutgerinnung zu erzielen, können Sie Zimt verzehren.

Nehmen Sie aber unbedingt Ceylon – Zimt. Dieser hat wesentlich weniger Cumarin. Dieser Stoff kann zu Leberproblemen führen.

So wirkt Zimt in Form von **hochdosierten Extrakten** wie Zimtdestillat oder ätherischem Zimtöl gerinnungshemmend.

Ein wässriger Extrakt, z. B. Zimttee, hat keinen Einfluss auf die Blutverdünnung.

Ingwer

Als natürlicher Blutverdünner ist Ingwer bekannt. Einen besonders blutverdünnenden Effekt hat Ingwer, wenn er hoch dosiert eingenommen wird.

Mit Ingwer als Tee oder im Essen ist die aufgenommene Menge für eine Behandlung zu gering, sodass er mehr der Vorbeugung dient, da er auch so die **Durchblutung verbessert**.

Knoblauch

Bei Knoblauch handelt es sich um eine weitere Alternative zu pharmazeutischen Medikamenten.
Mit seinem Verzehr beugen Sie Herz-Kreislauf-Erkrankungen vor. Knoblauch enthält **antibiotische Eigenschaften**, wodurch der Blutdruck- und Cholesterinwert gesenkt und die Blutgerinnung gehemmt werden.
Dadurch wird auch seine blutverdünnende Wirkung vermutet, welche jedoch noch nicht konkret erforscht wurde.

Kurkuma

Das Gewürz Kurkuma hat Unmengen an positiven Eigenschaften und **unterstützt Leber, Zähne und hilft bei der Blutzuckersenkung.**
Zur Blutverdünnung eignet sich Kurkuma besonders, da das Gewürz das Verklumpen von Blutplättchen und somit die Bildung von **Blutgerinnseln verhindert**.
In einer koreanischen Studie von 2012 wurde erforscht, dass der Wirkstoff Curcumin eine so starke blutverdünnende Wirkung hat, sodass bei täglicher Einnahme ganz auf Medikamente verzichtet werden könne.

Bromelain

Das Enzym Bromelain wird aus der **Ananas** gewonnen. Das Hausmittel eignet sich als natürliche Alternative, da es die Bildung von Blutgerinnseln verhindert, die Blutgerinnung reduziert und das Herz schützt.

Omega-3-Fettsäuren

Ein gesunder Blutfluss entsteht durch die Wirkung von Omega-3-Fettsäuren.
Sie können als Nahrungsergänzungsmittel oder in Form von hochwertigen Ölen, wie durch **Hanf- und Leinöl** verzehrt werden.
Vor allem die **Alpha-Linolsäuren** in pflanzlichen Fetten wirken sich positiv auf den Blutfluss aus, indem sie das Blut verdünnen.

Nattokinase

Das aus **fermentierten Sojabohnen** gewonnene Enzym Nattokinase ist gerinnungshemmend und verhindert ein Verklumpen der Blutplättchen.
Da es sich um ein isoliertes Enzym handelt, kann es in der falschen Dosierung zu einer zu starken Blutverdünnung kommen.

Gojibeere

Auch sie gilt als natürlicher Blutverdünner: Die Gojibeere.
In **Kombination** mit **pharmazeutischen Mitteln** sollten Sie **aufpassen**, denn die Mischung der beiden Zutaten kann die Blutgerinnung fördern, statt sie zu hemmen.

Dunkle Schokolade

Dunkle Schokolade enthält viel Kakao - ein stark wirkendes Mittel zur Blutverdünnung.
Die im Kakao enthaltenen Wirkstoffe OPC (Oligomere Proanthocyanidine) und der hochkonzentrierte Pflanzenstoff **Flavonoide** hemmen die Blutgerinnung.

Flavonoide sind vor allem in Gemüse, wie Rotkohl und
Rote Bete und in Früchten wie Äpfeln enthalten.

Oligomere
Proanthocyanidine (OPC)
OPC ist besonders im **Rotwein**- und
Traubenkernextrakt und in **Kakao** enthalten.
Es wird aus Traubenkernen oder der Haut und den
Schalen von Früchten gewonnen.
Das Antioxidans **schützt die Blutgefäße vor dem
Eindringen freier Radikale, lindert Schwellungen und
sorgt für einen besseren Blutfluss.**
Zu kaufen gibt es OPC in Apotheken.

Cayenne Pfeffer
Der Inhaltsstoff Capsaicin, der in Cayenne Pfeffer
enthalten ist, fördert die Durchblutung, wirkt
gefäßerweiternd und **blutverdünnend**.
Verzehren Sie Cayenne Pfeffer am besten roh in Säften
oder Salaten.
Eine stärkere Wirkung bekommen Sie mit hochdosiertem
Capsaicin aus Nahrungsergänzungsmitteln.

Brennnesseln
Wissenschaftler fanden heraus, dass Brennnesseln eine
entspannende Wirkung auf die Blutgefäße besitzen.
Das Heilkraut verhindert eine übermäßige Blutgerinnung
und hilft dadurch, das Blut zu verdünnen.

Wir sprechen hierbei jedoch nicht von dem grünen Blatt,
sondern dem Brennnesseltee, welcher in Untersuchungen getestet wurde.

Weißdorn
Die Blüten und Blätter des Weißdorn enthalten
Flavonoide und Procyanidine, die gut für die
Durchblutung des Herzens sind und somit das Risiko
für die Bildung von Blutgerinnseln senken.
Dadurch verdünnt sich das Blut und das Risiko für
Herzkrankheiten und Schlaganfall sinkt.
Weißdorn kann als Tinktur, als Extrakt oder als Tee
eingenommen werden.

Basilikum
In Basilikumblättern steckt Vitamin K, welches eine
blutverdünnende Wirkung hat.
Auch anderes grünes Gemüse wie Brokkoli und Grünkohl
haben einen positiven Effekt auf die Blutverdünnung.
Es empfiehlt sich, regelmäßig zu grünem Gemüse und
Blattgemüse zu greifen.

Kiwi
und auch Ananas enthalten das Enzym Bromelain,
welches sich positiv auf die Blutverdünnung auswirkt.
Regelmäßig Kiwis und Ananas zu essen, kann also den
problemlosen Blutkreislauf unterstützen.

Zwiebeln
sind ebenfalls als Hausmittel zum Blutverdünnen bekannt
und wirken zudem entzündungshemmend und stärkend
auf das Herz und das Immunsystem.
Schon der Verzehr einer halben Zwiebel täglich kann sich
positiv auswirken.

Olivenöl
Olivenöl wirkt sich erwiesenermaßen positiv auf unsere
Blutgefäße aus.

Es fördert den Blutfluss, wirkt zusätzlich **entzündungs-hemmend** und **reduziert** somit auch das **Risiko** für **Schlaganfälle**.
Ein wöchentlicher Verzehr von Olivenöl führt Studien zufolge zu einer niedrigeren Thrombozytenaktivität, ein Verzehr mehrmals pro Woche sogar zu den besten Blutgerinnungswerten.
Somit können Sie durch einen regelmäßigen Verzehr von Olivenöl sowohl Thrombose als auch Embolien vorbeugen.

Tomaten
Der Wirkstoff WSTC, der in Tomaten enthalten ist, hat die **gleiche Wirkung** auf unsere Blutplättchenaggregation wie das **ASS 100**.
Bei regelmäßigem Verzehr kann sogar bis zu 1/3 der ASS-Wirkung erreicht werden – und das ganz natürlich,

rezeptfrei und ohne Nebenwirkungen!
Der Wirkstoff sorgt für eine gesunde Durchblutung und lässt sich theoretisch sofort messbar nachweisen.

Tipp - Schwimmen
Bewegung bringt unseren Körper und das gesamte Herz-Kreislauf-System in Schwung.
Ausdauersport ist die natürlichste Medizin gegen Herzbeschwerden, Bluthochdruck und zu dickes Blut.

Das Schwimmen eignet sich besonders gut, um die Venenpumpe unserer Beine anzukurbeln.
 Nicht nur wird der venöse Rückfluss zum Herzen durch die Aktivierung der Bein- und Wadenmuskulatur angetrieben.

Auch der Wasserdruck, der beim Schwimmen konstant auf unseren Körper wirkt, führt dazu, dass das verbrauchte – also sauerstoffarme – Blut zum Herzen zurückfließt, und anschließend von der Lunge mit neuem Sauerstoff versorgt werden kann.

BOCKSHORNKLEE - METHI

Dem Naturheilmittel werden u.a.:
- antiinflammatorische,
- antiphlogistische,
- appetitanregende
- und tonisierende Eigenschaften zugeschrieben.

Außerdem soll der Bockshornklee milchtreibend,
geburtseinleitend sowie **haarwuchsfördernd** wirken.
Die Wirkungen sind jedoch wissenschaftlich nicht
nachgewiesen.

* * *

WICHTIG zu wissen

Bockshornklee hat viele positive Wirkungen auf die
Gesundheit.
Jedoch kann Bockshornklee bei empfindlichen Menschen
- Nebenwirkungen wie Magen-Darm-Beschwerden
- oder bei äußerlicher Anwendung Hautreaktionen
  auslösen.

Bei Beschwerden wie Atemnot oder Anschwellen des Halses unverzüglich einen Arzt rufen!

Bei Überdosierung kann Bockshornklee
-         zu Beschwerden im Magen-Darm-Trakt
-         und vermehrter Schweißbildung führen.

* * *
Wo hilft Bockshornklee?

Das ebenfalls enthaltene **Cholin**
-         soll einer Verfettung der Leber entgegenwirken,
-         den Stoffwechsel positiv beeinflussen
-         und Arteriosklerose vorbeugen.
-         Bockshornklee wirkt entzündungshemmend
-         und appetitanregend.

Der regelmäßige Verzehr von Bockshornkleesamen
-         kann zur Herzgesundheit beitragen,
-         indem er den Cholesterinspiegel senkt
-         und das Risiko von Herz-Kreislauf-Erkrankungen
          verringert.

Bockshornkleesamen enthalten **steroidale Saponine**,
-         die die Aufnahme von Cholesterin im Darm
          hemmen und dessen Ausscheidung aus dem
          Körper fördern.

Bockshornklee unterstützt auch die **Gewichtsreduktion**.
Bockshornkleesamen sollen ihre Wirkung nach 3–4
Tagen entfalten.

Hilfe für Frauen

Vergrößert die Brüste

Das in Bockshornklee enthaltene **Phytoöstrogen** verbessert den Östrogenspiegel, was wiederum die Zellteilung unterstützt und die Brustvergrößerung fördert.

Anwendung:
-        Bereiten Sie eine Paste aus Bockshornklee-samenpulver zu und massieren Sie diese in Ihre Brüste ein.
-        Waschen Sie sie nach etwa 10 Minuten mit kaltem Wasser ab

Wechseljahresbeschwerden

Wild Yams (Dioscorea villosa) und **Bockshornklee** (Fenugreek) werden als Nahrungsergänzungsmittel zur Linderung von Wechseljahresbeschwerden.
-        Wie beispielsweise Hitzewallungen
-         oder hormonell bedingtem Haarausfall, angeboten.
Sowohl über den Nutzen als auch über mögliche gesundheitliche Risiken ist bisher wenig bekannt.

* * *

Hilfe für Männer

Bockshornklee zählt zu den Hormonpflanzen.
-        Besonders Männer profitieren von den kleinen Samen, da sie den **Testosteronspiegel erhöhen** - und **Muskelaufbau fördern** können.

Inhaltsstoffe

Bockshornklee bzw. Methi Dana enthalten:
- viele Nährstoffe
- und bioaktiver Verbindungen
- viel Niacin,
- Kalium,
- Protein,
- Ballaststoffe
- Vitamin C
- und Eisen.
- Vitamin A
- Vitamin B

* * *

Aroma von Bockshornklee

Bockshornklee verbreitet einen sehr intensiven Geruch.
Besonders stark riecht der Samen, wenn man diesen zerreibt.
Diese Samen sind es auch, die zu Nahrungsergänzungsmittel, zu Tees oder zu Wickel verarbeitet werden.

WICHTIG:
- Sprechen Sie die Einnahme von Bockshornklee-Präparaten unbedingt mir Ihrem Arzt ab.
- Es könnte zu Wechselwirkungen mit anderen Medikamenten kommen.

* * *

Bockshornklee in der Küche

Bockshornklee verleiht Gemüse, Fisch und Fleisch herzhafte Aromen.

Die indische Küche verwendet das Gewürz oft in Currys und Gewürzmischungen.
Dabei verfügen Samen, Sprossen und Blätter der krautigen Pflanze über gesunde Nährstoffe.

Bockshornklee passt sehr gut zu:
- Gemüse
- Fisch
- Fleisch
- Gurken- und Kartoffelsalat
- Kürbis, Bohnen, Kohl und Süßkartoffeln
- Walnüsse
- Eier- und Kartoffelgerichten
- Brot und Gebäck

* * *

Rezepte mit Bockshornklee

Dip mit Bockshornklee

Zutaten:

100 g	Mayonnaise
½ TL	Bärlauchsalz
1 TL	Bockshornklee gemahlen
150 g	Joghurt, natur
1 TL	Zitronensaft
1 TL	frischen Schnittlauch
1 TL	Honig, flüssigen
etwas	frische Petersilie

Zubereitung:

- Joghurt, Mayo und Zitronensaft mit Bockshornklee, Bärlauch Salz und dem Schnittlauch vermengen und leicht aufschlagen.
- Frische Petersilie fein hacken und gemeinsam mit dem dem Honig unterrühren.

Tipp:

Der Dip passt sehr gut zu Brot, Grillfleisch oder Gemüse.

* * *

Gebratener Blumenkohl

Zutaten:

1	Blumenkohl, in Röschen zerteilt
½ TL	Bockshornklee, Samen
1	Chilischote, rot, getrocknet und zerkleinert
3	Knoblauchzehen
½ TL	Salz
3 EL	Öl

Zubereitung:
-       Öl in einer tiefen Pfanne oder einem Wok bei hoher Temperatur schmelzen lassen.
-       Knoblauch, Bockshornkleesamen und Chili kurz anbraten, dann die Blumenkohlröschen dazugeben und leicht anbraten.
-       Dann die Temperatur reduzieren und den Deckel auflegen.
-       30-40 min ohne Flüssigkeitszugabe garen lassen, dabei gelegentlich umrühren.

Tipp:
-       Dazu passt indisches Fladenbrot.
-       Ein Chutney

CORONA RÜCKSTÄNDE & SPIKE-PROTEINE

* * *

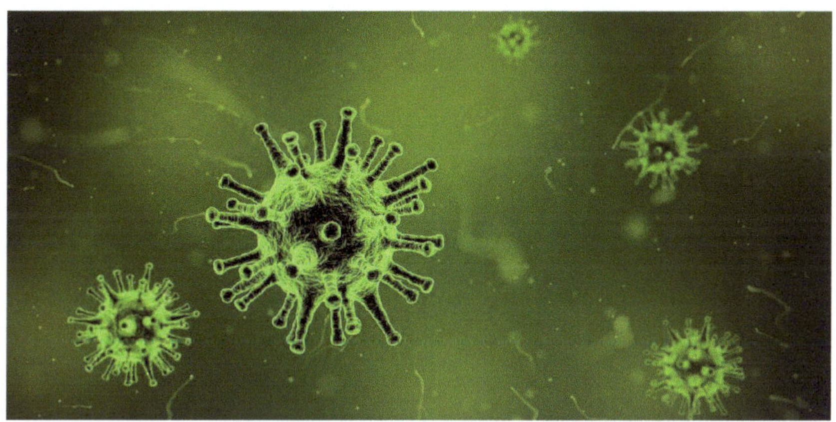

Viruszellen

Kiefernadeln – ein starker Gegenspieler der Spike-Proteine

Das in den Kiefernnadeln enthaltene **Suramin**, ist ein Gegenmittel gegen die Spike-Protein Übertragung von Geimpften an Ungeimpfte.

Die Spike-Proteinansteckung äußert sich durch:
-        Massive Kopfschmerzen,
-        starke Menstruationszyklen,
-        Fehlgeburten,
-        Verminderung der Muttermilch,
-        Mikroklumpen,
-        plötzliche Blutergüsse am Körper,

-      Sterilität bei Frauen und Männern

Wichtig:
Nicht für Schwangere und stillende Mütter geeignet.

* * *

Löwenzahn

In der Naturheilkunde gilt der gewöhnliche Löwenzahn als:
-       verdauungsfördernd,
-       stoffwechselanregend,
-       harntreibend
-       und vorbeugend gegen Nierensteine.

Er wird eingesetzt bei:
-       Magen-Darm-Beschwerden,
-       Verdauungsstörungen,
-       Appetitlosigkeit
-       oder bei Leber- und Gallenbeschwerden

Hilfreich zur Blutreinigung sind außerdem:
-       die Brennnessel (Urtica dioica),
-       der Löwenzahn (Taraxacum sect. Ruderalia; früher Taraxacum officinale),
-       der Holunder (Sambucus nigra)
-       und die Schafgarbe (Achillea millefolium).

Diese Pflanzen gelten als „**Blutreinigungsmittel**".
Sie aktivieren gemäß der Vorstellung der Volksheilkunde

-       die Entgiftungsorgane Leber (*Löwenzahn und Schafgarbe*) und Niere

(*Brennnessel und   Löwenzahn*),
-        die das Blut von Schadstoffen befreien.

Die Blüten des Holunders beleben aus Sicht der
Naturheilkunde die Haut, dadurch kann sie
Stoffwechselprodukte besser ausscheiden.
Ein dafür verantwortlicher Wirkstoff ist in den Blüten
bisher noch nicht nachgewiesen worden.
Die Beeren des Holunders enthalten kräftige
Antioxidantien, die unsere Zellen und Gewebe vor freien
Radikalen schützen könnten.
Dies könnte sich besonders bei Stress bemerkbar
machen.

HINWEIS!
Rohe und unreife Holunderbeeren enthalten
Sambunigrin. Es setzt im Körper Blausäure frei. Typische
Symptome einer Blausäurevergiftung sind Übelkeit,
Erbrechen und Durchfall.
Um das Sambunigrin zu zerstören, müssen die Beeren
auf jeden Fall auf 80°C erhitzt werden.
Dafür genügt es, wenn die Beeren für 3–5 Minuten
komplett auf 80°C erhitzt werden.

**Es gibt Medikamente, die o.g. Heilpflanzen in
passender Menge anbieten. Es handelt sich um
dabei Detox.**
* * *

Spikx Remove kann die Rückstände
der Coronazeit ausleiten.

Erklärung zu Spikx Remove:
Eine spezielle und einzigartige, rein natürliche
Entwicklung.

Konzipiert für Wohlbefinden und vitales Leben! Das besondere an dieser 5-fach konzipierten Formel sind die speziell aufeinander abgestimmten Inhaltsstoffe. Geeignet für geimpfte und ungeimpfte Personen.

Bei der Entwicklung war es uns wichtig, dass sich die Inhaltsstoffe natürlich ergänzen und untereinander perfekt harmonieren.
Deshalb haben wir
- Nattokinase,
- Curcuma,
- Cayennepfeffer,
- Bromelain und
- Löwenzahnextrakt
in einem optimalen Verhältnis in dieses Premium Produkt kombiniert.

* * *

Weitere Naturheilmittel zur Ausleitung des Spike - Proteins

Nattokinase
Dieses Enzym, das aus fermentierten Sojabohnen gewonnen wird, ist bekannt dafür, Spike-Proteine direkt abzubauen.
Studien zeigen, dass Nattokinase das Spike-Protein spaltet und so dessen schädlichen Auswirkungen mindern kann.
Außerdem fördert es die Blutgerinnungslosung, was ebenfalls bei der Entfernung von Spike-Proteinen im Körper hilfreich sein kann.

Kurkuma
Der Wirkstoff Curcumin in Kurkuma hat starke entzün-

dungshemmende und antioxidative Eigenschaften.
Es kann die Bildung des Spike-Proteins an menschliche
Zellen stören und so die Infektionsgefahr reduzieren.
Zudem unterstützt es das Immunsystem dabei, Spike-
Proteine schneller abzubauen.

Cayennepfeffer

Dieser Wirkstoff verbessert die Durchblutung und hilft, die
Nährstoffverteilung im Körper zu optimieren.
Cayennepfeffer trägt zur Entgiftung bei, indem es die
Durchblutung fördert und dabei hilft, Giftstoffe wie Spike-
Proteine aus dem Körper zu entfernen.

Bromelain

Ein Enzym aus der Ananas, das für seine
entzündungshemmenden und proteinabbauenden
Eigenschaften bekannt ist.
Bromelain kann dabei helfen, Spike-Proteine zu zerlegen
und deren Auswirkungen auf den Körper zu mindern.
Zusätzlich unterstützt es die Auflösung von
Blutgerinnseln und verbessert die Immunantwort.

Löwenzahnextrakt

Dieser Pflaneznextrakt hat starke antioxidative und
entgiftende Eigenschaften.
Es wurde nachgewiesen, dass Löwenzahnextrakt die
Zellabwehr stärken und potenziell dabei helfen kann, die
Bindung des Spike-Trpteins an Rezeptoren auf
Zelloberflächen zu blockieren.

Cayennepfefferschoten

* * *

TCM Medikament Huaier Pilz laut Studien hochwirksam gegen Krebs und Impfschäden

Link hierzu:
https://tkp.at/2024/12/18/tcm-medikament-huaier-pilz-laut-studien-hochwirksam-gegen-krebs-und-impfschaeden/
Autor: Dr. Peter F. Mayer

Eine der der gravierenden negativen Folgen der Corona-Impfkampagne ist Krebs bzw. Turbokrebs.
Das geht aus den Datenbanken hervor, in die Impfschäden eingemeldet werden, sowie aus Studien und Berichten von Onkologen.
Das einzige bekannte, gegen Impfschäden und Krebs wirksame Medikament ist der über 1000 Jahre in der Traditionellen Chinesischen Medizin höchst erfolgreich verwendet **Huaier Pilz.**

Huaeir Pilz

Aufmerksam geworden bin ich auf das TCM-Medikament Huaier Pilz durch die Studie von Tanaka et al (2022). Darin wurden Patienten mit Krebserkrankungen im Stadium 4 mit Huaier Extrakt erfolgreich behandelt. Es kam die mRNA-Impfung dazwischen und da zeigte sich, dass Huaier auch Impfschäden verhindert und sogar beseitigen kann.

Patienten, die den Huaier nach der Impfung nicht weiter nahmen, erlebten einen neuerlich Ausbruch des Krebs und verstarben relativ rasch.
Die, die Huaier weiter nahmen, hatten keinerlei Probleme.

Link zu Tanaka et al 2022:
http//www.fortunejournals.com/articles/huaier-effects-on-functional-compensation-with-destructive-ribosomal-rna-structure-after-antisarscov2-mrna-vaccination.html
Text in englisch!

Alle Berichte, Studienergebnisse und Neuigkeiten zum Huaeir Pilz finden Sie nun in unserem Buch:

Link hierzu:

https://buchshop.bod.de/pilze-contra-krebs-und-anderen-erkrankungen-traude-schubert-9783769388862

DIABETES - BLUTZUCKER

Tees die Ihnen bei hohem Blutzucker helfen können

Grüner Tee, Zimttee und andere Teesorten bieten gesundheitliche Vorteile.
Regelmäßiger Teegenuss kann Teil einer gesunden Ernährung sein.
Tees sind nicht nur gesund, sondern auch wohlschmeckend.
Durch die Integration bestimmter Teesorten können Blutzuckerwerte besser kontrolliert werden.

Quelle:
https://www.holistische-gesundheit.net/gesundheit/zu-hoher-blutzucker-diese-tees-koennen-helfen/

Grüner Tee

Studien haben gezeigt, dass Menschen, die regelmäßig grünen Tee trinken, seltener unter hohen Blutzuckerwerten leiden.
Achten Sie darauf, Grünen Tee in Bio-Qualität zu wählen, um sicherzustellen, dass er frei von Pestiziden und unerwünschten Zusatzstoffen ist.

Vorteile: Erhöht die Insulinsensitivität und verbessert den Zuckerstoffwechsel.

Verwendung: Zwei bis drei Tassen grüner Tee täglich können helfen, den Blutzuckerspiegel zu regulieren.

* * *

Zimttee

Ein regelmäßiger Verzehr von Zimttee kann nachweislich Blutzuckerspitzen, die oft nach dem Essen auftreten, reduzieren.
- Zimttee unterstützt die Insulinaktivität. Das optimiert den Glukosestoffwechsel.
- Das ist gut für Menschen mit insulinresistenten Bedingungen, die ihren Blutzucker natürlich senken wollen.
- Cinnamaldehyd, ein aktiver Inhaltsstoff des Zimts, verstärkt die Insulinwirkung.
- Forschungen deuten darauf hin, dass Zimt die Glukoseaufnahme in die Zellen verbessert
- und die Menge an Glukose im Blut verringert.
- Reduziert Blutzuckerspitzen nach den Mahlzeiten
- Unterstützt die Insulinaktivität

-       Kann helfen, den *Blutzucker auf natürliche Weise
zu senken, ohne Medikamente*
-       Fördert den allgemeinen Glukosestoffwechsel

WICHTIG:
Verwenden Sie stets Ceylon-Zimt, der dieser weniger
Cumarin enthält, das in großen Mengen schädlich sein
kann.

* * *

Brennnesseltee

Die Brennnessel hat eine lange Tradition in der
Volksmedizin und wird seit Jahrhunderten für ihre
heilenden Eigenschaften geschätzt.
Brennnesseltee enthält wertvolle Verbindungen, die den
Zuckerstoffwechsel unterstützen, die
Insulinsensitivität verbessern und **Entzündungen
reduzieren**.

Gerade bei Menschen, die anfällig für starke
Schwankungen des Blutzuckerspiegels sind, helfen diese
Eigenschaften sehr.
Aber Brennnesseltee hat noch mehr Gutes zu bieten.
Er hilft den Körper zu entgiften und stärkt die Vitalität.

Entwässernde Wirkung:
Brennnesseltee unterstützt die Nieren und hilft,
überschüssige Flüssigkeiten zu entfernen.
Das kann die Blutzuckerkontrolle verbessern.

Entzündungshemmende Eigenschaften:
-       Die Wirkstoffe im Brennnessel können
        Entzündungen reduzieren.

- Entzündungen sind ein Risikofaktor für Diabetes und andere Krankheiten.
- Brennnesseltee ist effektiv und beliebt bei der Blutzuckerregulierung.
- Regelmäßiges Trinken kann den Blutzucker stabilisieren und die Gesundheit verbessern.

* * *

Fencheltee

Schon eine Tasse Fencheltee am Tag fördert die **Blutzuckerregulierung**.
Fenchel hat antioxidative Eigenschaften.
Das unterstützt die Gesundheit des Stoffwechsels.
Fencheltee ist gut für die **Verdauung** und den **Blutzuckerspiegel**.
Er ist eine natürliche Möglichkeit, um Insulinresistenz zu bekämpfen.

Verdauung: Fencheltee beruhigt den Magen und lindert Blähungen.
Blutzuckerregulierung: Die Inhaltsstoffe des Fenchels helfen, den Blutzuckerspiegel zu stabilisieren.

Um die besten Ergebnisse zu erzielen, trinken Sie Fencheltee regelmäßig.
Genießen Sie ihn nach dem Essen.
So unterstützen Sie die Verdauung und Blutzuckerregulierung.

* * *

Hibiskustee

Er wird geschätzt für seine Fähigkeit, Ruhe und Ausgeglichenheit zu fördern.

Neben seinen positiven Effekten bietet er auch eine
spirituelle Komponente.
In vielen Kulturen gilt es als Tee, der das Herz öffnet,
emotionale Blockaden löst und innere Harmonie schafft.
Der Genuss von Hibiskustee kann ein Gefühl von
Verbundenheit und Gelassenheit vermitteln, das den
Geist beruhigt.

Die enthaltenen Anthocyane sind **starke Antioxidantien**,
die den **Blutzucker** bei regelmäßigem Konsum **senken
können**.
Hibiskustee ist zudem **blutdrucksenkend** und somit
doppelt hilfreich für Menschen mit metabolischen
Problemen.
**Eine Tasse Hibiskustee am Tag kann zur
Blutzuckerregulierung beitragen.**

WICHTIG:
Schwangeren wird der Verzehr von Hibiskustee nicht
empfohlen, da er im Verdacht steht, auch hormonell
wirksam sein zu können.

* * *

Salbeitee

Salbei, ein wohlriechendes Kraut, wird nicht nur zum
Würzen von Speisen verwendet, sondern auch für seine
positive Wirkung auf Körper und Geist geschätzt.
In spirituellen Traditionen gilt Salbei als Symbol für
Weisheit und Reinigung.
Sein Duft soll klärend wirken und negative Energien
vertreiben.
Die enthaltenen Flavonoide verbessern die Insulinsen-
sitivität und tragen so **zur Stabilisierung des
Blutzuckers bei.**

Salbeitee hilft:
-        bei hohem Blutzucker,
-        verbessert die Verdauung
-        wird beruhigend und stressreduzierend

* * *

Ginsengtee

In der traditionellen Medizin gilt Ginseng als Quelle der inneren Balance und Klarheit.
Es unterstützt nicht nur die körperliche Gesundheit, sondern fördert auch die Harmonie zwischen Körper und Geist.
So wie Ginseng die Zellen stärkt und ihnen hilft, Glukose effizienter zu verarbeiten, so stärkt es auch die Verbindung zu unserer inneren Mitte.

Ginsengtee steigert die Insulinproduktion, und ver-besser die Glukoseaufnahme.

Kurkuma – Goldene Milch

Dass Kurkuma auch bei Blutzucker hilfreich ist, habe ich bereits unter hilfreichen Gewürzen im Buch erwähnt.
Kurkuma kann als Gewürz zu vielen Gericht beigefügt werden.
Oder Sie genießen jeden Tag eine Tasse Goldene Milch.

Hier ein Rezept für Goldene Milch

Zutaten für 2 große Tassen:
1 TL   Kurkuma
1 TL   Zimt, Ceylon

½ TL	gemahlener Ingwer
1 Prise	schwarzer Pfeffer
1 TL	Honig
½ L	Pflanzenmilch, z.B. Hafermilch

Zubereitung:
- Die trockenen Zutaten gut vermischen.
- Die Pflanzenmilch erhitzen, dann die Mischung dazu geben.
- Alles gut durchrühren bis sich die Zutaten mit der Milch verbunden haben.
- Nach Geschmack je Tasse ½ TL Honig dazu geben.

Tipps:
- Wer möchte kann auch noch den Saft einer halben Zitrone kurz vor dem Trinken in beiden Tassen verteilen.
- Ich gebe direkt in die Milch noch einen TL Kokosöl.
- Nimm nur Ceylon-Zimt, dieser hat weniger Cumarin.

Anwendungen:
- Trinke am besten jeden Abend eine große Tasse Goldene Milch.
- Sie verhilft zu einem guten Schlaf.
- Sie hilft bei mittelstarken Schmerzen.
- Gegen Entzündungen im Körper.

Warum Ceylon-Zimt?

Während **Ceylon-Zimt** überwiegend als gesund gilt kann der günstigere Cassia-Zimt mitunter sogar schädlich sein.

Er kann laut Bundesinstitut für Risikobewertung (BfR) **erhöhte Mengen** an **Cumarin** enthalten, Ceylon-Zimt enthalte hingegen nur geringe Mengen an Cumarin, die gesundheitlich unbedenklich seien.

* * *

Cissus quadrangularis

Auch die **Blutzuckerspiegel** und erhöhte **Blutfettwerte** der Probanden sanken in den Normbereich.

Durch die Blutzucker-senkende Wirkung sollten Diabetiker die Anwendung von Cissus mit ihrem behandelnden Arzt zuvor besprechen – falls dieser die Zusammenhänge kennt.

Mehr zu Cissus lesen Sie unter der Ruprik „ Cissus „ oder in meinem Buch

„ Hilfreiche, weniger bekannte Heilmittel „

Granatapfel

Granatapfel hilft bei der Bekämpfung von Herz-Kreislauf-Erkrankungen, Diabetes und Krebs!

Der Saft aus den Kernen (den juwelenartigen Samenkapseln) ist reich an pflanzlichen Verbindungen wie **Flavonoiden** und **Tanninen**, die für ihre antioxidativen Eigenschaften bekannt sind. Diese **Antioxidantien** tragen dazu bei, die Zellen vor Schäden zu schützen und Entzündungen zu bekämpfen.

Granatäpfel enthalten auch
-        Fettsäuren,
-        organische Säuren und
-        sogar Phytosterine,
also Verbindungen, die zur Senkung des Cholesterinspiegels beitragen können.

DIE MISTEL

Die Misteln sind eine Pflanzengattung innerhalb der Familie der Sandelholzgewächse, nach einer alternativen Klassifikation in einer wiedererrichteten Familie Viscaceae.
Sie sind mit etwa 70 bis 120 Arten in der Alten Welt verbreitet, mit Verbreitungszentrum im südlichen Afrika und auf Madagaskar.

* * *

Der Mistelzweig an Weihnachten

Nach alter Tradition kann eine junge Frau einen Kuss nicht verwehren, wenn sie in der **Weihnachtszeit** in der Nähe einer **Mistel** steht. Ungeküsst wird sie im nächsten Jahr nicht heiraten und die ewige Liebe im neuen Jahr erfahren.
Der Legende nach war die **Mistel** der heilige Zweig der germanischen Liebesgöttin Frigga

Die Mistel in der Heilkunde

Während die Mistel bei den Germanen und Kelten als Schutz vor allerlei Bösem, Glücksbringer oder Symbol der Fruchtbarkeit galt, wird sie heute in der Komplementärmedizin bei **Krebs** eingesetzt.

Die Europäische Mistel wird seit Jahrhunderten in der **traditionellen Medizin** für eine Vielzahl von Beschwerden verwendet, darunter:
- Krampfanfälle,
- Kopfschmerzen und
- Wechseljahresbeschwerden.

Heute wird die Europäische Mistel als Mittel zur Behandlung von **Krebs** beworben.
In Europa werden Extrakte der Europäischen Mistel, die als Injektion verabreicht werden, als verschreibungspflichtige Medikamente verkauft.

Die Lektine regen das Immunsystem an und können Entzündungen auslösen.
Daher werden Mistelpräparate in der Naturheilkunde auch als örtlich wirkende Reiztherapie eingesetzt, um beispielsweise **Arthrose** zu behandeln.

Die Mistel regt den Gelenkstoffwechsel an, **lindert Entzündungen** und führt zum **Wiederaufbau** von elastischem Gelenkknorpel, der bei der Arthrose zerstört ist.
Dadurch kann die Gelenkfunktion verbessert und Schmerz reduziert werden.
Misteltee unterstützt zudem die Behandlung von **leichtem Bluthochdruck**.

Hat man mit Blutdruckproblemen zu kämpfen, kann der
Misteltee zur Regulierung beitragen.
Die tägliche Trinkempfehlung liegt bei zwei Tassen
täglich, 3 Wochen lang.

Darüber hinaus soll sie **beruhigend** wirken und das
Immunsystem stärken.

* * *

Misteltropfen

Das Mistelkraut hat:
-        abführende,
-        blutdrucksenkende,
-        gefäßerweiternde,
-        harntreibende und
-        krampflösende Eigenschaften.

In der **Volksmedizin** wird die Mistel bei:
-        Asthma,
-        Bluthochdruck,
-        Durchfall,
-        Epilepsie,
-        Keuchhusten und
-        zur Stärkung des Herzens eingenommen.

VORSICHT:

Was Sie unbedingt wissen sollten:
Blätter und Beeren der immergrünen Pflanze mit der viel
besungenen Heilwirkung sind in rohem Zustand giftig!

Wann wird keine Misteltherapie empfohlen?
-        Bei einigen Krebserkrankungen scheint besondere
         Vorsicht geboten zu sein.

-      Zum Beispiel raten Experten Patienten mit
       Leukämie, Lymphomen, einem Nierenzellkarzinom
       oder schwarzem Hautkrebs (malignes Melanom)
       explizit von der **Misteltherapie** ab.

* * *

Darf man Mistelzweige an seinen Obstbäumen entfernen?

Die Pflanze ist bei uns nicht extra geschützt.
Es spricht nichts dagegen, Misteln auf dem eigenen Grundstück jetzt oder noch den ganzen Winter über an frostfreien Tagen zu schneiden.
Damit wird die Vitalität der Bäume geschützt und Streuobstwiesen bleiben als Lebensraum erhalten", so Streuobstexperte Rösler.

EINSCHLAFHILFEN

Geht es Ihnen auch so? Man ist müde, geht zu Bett.
Kaum liegt man, ist nichts mehr mit einschlafen.

Hier ein paar Tipps, damit es doch klappt:

10 Stunden
vor dem Schlafengehen reduzieren Sie den
Koffeinkonsum und trinken Sie die letzte Tasse Kaffee.

3 Stunden
vor dem Schlafengehen vermeiden Sie Essen und
Alkohol – sie können Unbehagen verursachen und die
Schlafqualität verschlechtern.

2 Stunden
vor dem Schlafengehen beenden Sie alle
Arbeitsaufgaben – Ihr Gehirn braucht Zeit, um auf
Entspannung umzuschalten.

1 Stunde
vor dem Schlafengehen schalten Sie alle Geräte aus –
ihr blaues Licht stört die zirkadianen Rhythmen und kann
das Einschlafen verzögern.

Und schließlich,
kein wiederholtes Drücken der Schlummertaste – diese
„0"-Regel hilft, Schlafstörungen zu vermeiden, da das
Verschieben des Weckers oft zu Störungen führt.

* * *

Aber natürlich gibt es noch einige mehr Ideen, um gut einschlafen zu können.

Die 4-7-8 Atemtechnik.
Bei der 4-7-8-Methode wird ein bestimmter Atemzyklus
viermal wiederholt:
-        4 Sekunden einatmen,
-        7 Sekunden Luft anhalten,
-        8 Sekunden ausatmen.
Trainieren Sie diese Technik zum Einschlafen und nach
dem Aufstehen!
Innerhalb weniger Wochen können Sie es schaffen,
innerhalb kürzester Zeit einzuschlafen.

* * *

Die progressive Muskelentspannung

Bei der Progressiven Muskelrelaxation (PMR) werden nacheinander Muskeln angespannt und wieder entspannt.
Dieses An- und Entspannen der Muskelgruppen hilft aufmerksamer für die Signale des Körpers zu werden, Verspannungen wahrzunehmen und diese selbständig aufzulösen.
Man kann progressive Muskelentspannung über die Krankenkasse buchen, oder auch Kurse in der Volkshochschule.

ABER PMR ist nicht für jeden geeignet.
So zum Beispiel nicht bei:
- chronischem Rheuma,
- akuten Muskel- und Gelenkerkrankungen,
- Beschwerden mit der Bandscheibe sowie
- schweren Herz-Kreislauf-Erkrankungen
- Akute Psychosen
- Schwere Depression.

* * *

Autogenes Training

Das Autogene Training ist systematisch aufgebaut.
Neben der Schwere- und der Wärmeübung gibt es weitere Übungen, die alle dazu dienen, den Körper zu entspannen.
Nach einiger Zeit des Übens werden sich die Gefühle wie Wärme und der Schwere schneller einstellen und sich auf den ganzen Körper ausweiten.
Dies kann ich nur bestätigen. Je mehr Übung, um so

schneller kommt man in den Schwere- und Wärmezustand.
Im Kurs passierte es sogar, dass ich einschlief.

Kurse hierzu gibt es über die Krankenkassen und die Volkshochschulen.

* * *

Noch mehr Hilfen zum Einschlafen

- **Lies ein entspannendes Buch.**

- **Gönne dir ein entspannendes Bad.**

- **Höre dir Entspannungsmusik.**
  Auf Youtube gibt es einige sehr gute Videos dazu.

- **Lass deine Fantasie fliegen**
  - zu einem wunderschönen Ort.
  - Stelle dir vor, du bist dort.
  - Du liegst z.B. im Gras und beobachtest die Wolken.
  - Oder du liegst am Strand und lauschst den Wellen.

- **Ein Spazier an der frischen Luft**
  ist auch oft hilfreich. Nach Möglichkeit in der Natur, selbst wenn es nur einige Bäume sind, die zusammen stehen.

- **Ein entspannendes Bad nehmen**
  Wundervoll ist ein Bad mit Vanille oder Mandelblüte.
  Aber auch Melisse und Lavendel sind sehr hilfreich.   109

- Haben Sie eine Muskelverspannung, nehmen Sie ein Bad in Wacholderauszügen.

- **Blau im Schlafzimmer**
  Blaue Farben im Schlafzimmer helfen zu entspannen. Wie wäre es mit blauer Bettwäsche? Oder einem schönen blauen Teppich, oder einer blauen Tapete?
  Es muss ja nicht der ganze Raum sein.

- **Leichtes Essen gut 2 Stunden vorher**
  Je schwerer das Essen und je später, um so schwerer fällt das Einschlafen.

- **Aroma Diffuser**
  Ein Duft von Melisse, Lavendel oder Blüten im Schlafzimmer kann Sie schneller in den Schlaf bringen.
  Nur sollte der Diffusor nicht die ganze Nacht laufen.
  Nehmen Sie nur reine natürliche Duftöle!!

  Nehmen Sie aber auf keinen Fall einen Ultraschall-Diffuser. Ultraschallfrequenzen sind schädlich.

- **Entspannungstee**
  Versuchen Sie es einmal mit einem Tee von Hopfen, Lavendel, Melisse, Baldrian oder Passionsblume.

- **Ganz wichtig - Ein passendes Bett,**
  es sollte nicht zu schmal sein. Matratze und Rost sollten aufeinander abgestimmt sein.

- Wobei der Härtegrad der Matratze für Ihre
  Bedürfnisse
  passend sein sollte.

Was hilft noch bei Schlafstörungen?

Quelle:
https://www.tk.de/techniker/magazin/life-balance/besser-
schlafen/schlafstoerungen-2006862?tkcm=ab

Lavendel: stoppt das Gedankenkarussell

Sport: zu richtigen Tageszeit

Meditation: 30 Minuten Zeit für innere Einkehr.

Birkenporling: wegen seiner beruhigenden Wirkung.

Heideblüte: empfohlen tagsüber, da er auch
harntreibend wirkt.

Baldrian: bei chronischen Schlafstörungen
über den Tag verteilt mehrere Tassen
trinken.

Melissenöl: wirkt beruhigend.

Passionsblume: bei leichten Formen nervöser Unruhe
und nervösen Herzbeschwerden.

Johanniskraut: pflanzliches Antidepressivum.

Hopfen: kann die beruhigende Wirkung von Baldrian verstärken.

Birkenporling

* * *

Lavendelöl

Mit der täglichen Einnahme der **Lavendelöl-Kapsel** tritt eine spürbare Wirkung **innerhalb weniger Tage** ein und baut sich dann über die ersten Wochen weiter auf.
Etwas verzögert tritt dann auch die positive Wirkung auf den Schlaf ein.
Nebenwirkungen sind kaum und Wechselwirkungen nicht bekannt.

WICHTIG:
Machen Sie dennoch mit 1-2 Tropfen Lavendelöl einen Allergietest in der Armbeuge.

TIPPS ZUR EINNAHME VON KAPSELN UND TABLETTEN

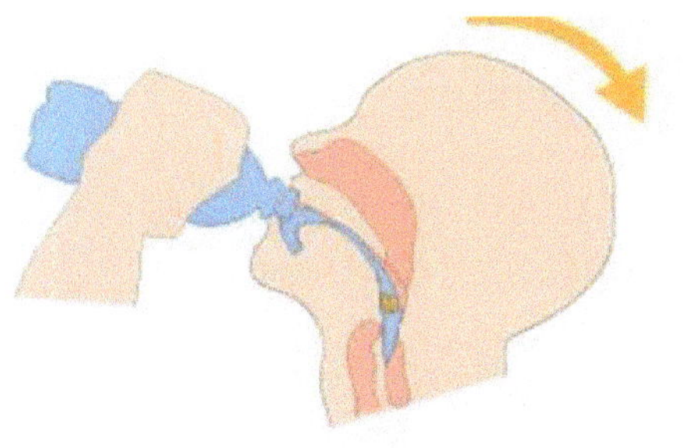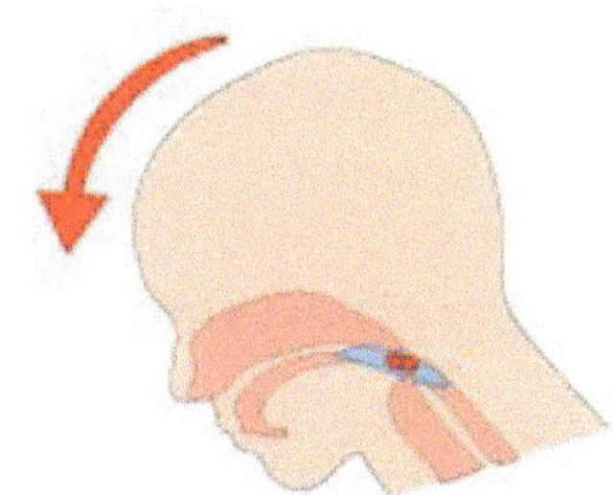

Kapseln lassen sich leichter schlucken, wenn man den Kopf nach **vorne neigt** und nicht nach hinten.

Oder, wenn man sich in einer aufrechten Position befindet und den Kopf leicht nach vorne neigt.
Die Dichte von Kapseln ist geringer als die von Wasser, sie sind leicht und beginnen oft im Mund zu "schwimmen".
Daher hilft diese Kopfhaltung sehr, das Medikament auf den richtigen Weg zu bringen.

Tabletten hingegen sollten mit **leicht nach hinten** geneigtem Kopf geschluckt werden (wie wir es gewohnt sind).

Legen Sie die Pille auf die Zunge. Drücken Sie die Lippen an den Flaschenhals.
Nehmen Sie einen Schluck, und die Tablette wird zusammen mit dem Wasser in die richtige Richtung gespült.

Die Dichte von Tabletten ist viel höher als die von
Wasser, daher werden sie oft nicht "weggespült",
sondern bleiben im Mund stecken.

Aber mit dieser Technik spülen Sie die Tablette
problemlos direkt in den Rachen in Richtung
Speiseröhre.

Ausprobiert und für gut befunden!

ESSBARE BLÜTEN AUS DEM GARTEN

Hier sind die zehn besten und pflegeleichtesten essbaren Blumen für deinen Garten, ausgewählt nach Geschmack und Anwendungsmöglichkeiten:

Quelle:
https://gartenblog.de/essbare-blumen-anpflanzen-dein-garten-voller-geschmack/?
fbclid=IwY2xjawH9tzRleHRuA2FlbQIxMAABHVyO92ZaF0f6nULYl_qRkUN_IKipt4n-Xf_hpzgtGmIbjxXkCx3z1Xz89Q_aem_GwvZrgqSCoza-GWwP1nFVA

Kapuzinerkresse:
Bringt eine pfeffrige Schärfe in deine Salate

Ringelblume:
Hat einen leicht bitteren Geschmack, perfekt für Tees

Borretsch: Schmeckt erfrischend nach Gurke

Gänseblümchen:
Mild im Geschmack und vielseitig verwendbar

Lavendel: Sein feines Aroma passt toll zu Desserts

Veilchen: Süßlich und wunderschön als Dekoration

Begonien: Bringen eine frische Säure und tolle Farben

Dahlien:
Mild im Geschmack und beeindruckend als Garnierung

Kornblumen: Leicht würzig mit intensiver blauer Farbe

Bohnenkraut: Würzig-herb und sehr robust

Holunderblüten:
Süßlich, ideal für ausgebackene Holunderblüten, Sirup
und Holunderblüten-Honig

* * *

Welcher Standort für welche Pflanze?
Der richtige Standort ist der Schlüssel zum Erfolg.

Hier ein praktischer Überblick:

Sonnenhungrige Blumen:
-        Kapuzinerkresse
-        Lavendel
-        Ringelblume
-        Kornblume

Für halbschattige Plätze:
- Gänseblümchen
- Veilchen
- Begonien
- Borretsch
- Die meisten essbaren Blumen mögen lockeren, humusreichen Boden mit guter Drainage.
- Gießen nicht vergessen, aber ohne Staunässe!

Beste Erntezeit:
- Früh morgens, wenn der Tau getrocknet ist
- An sonnigen, trockenen Tagen
- Wenn die Blüten voll aufgeblüht sind
- Nur gesunde, makellose Blüten pflücken

Aufbewahrung:
- Frische Blüten kannst du in feuchtem Küchenpapier im Kühlschrank aufbewahren.
- Für die längere Lagerung kannst du Blüten auch **trocknen, einfrieren** oder mit **Zucker kandieren.**

Bitte beachten Sie dies:
- Bei Allergien vorsichtig sein
- Neue Blüten erst in kleinen Mengen testen
- Nur die essbaren Teile verwenden

Verarbeitung:
- Blüten vorsichtig säubern
- Meist Stempel und Staubgefäße entfernen
- Nur frische, gesunde Blüten nehmen

Essbare Blüten sehen im Salat oder auf Kuchen usw. sehr schön aus.

Doch sie bieten noch mehr:
Sie enthalten folgende Inhaltsstoffe:
-        Vitamine, A, C und E
-        Mineralien und Spurenelemente
-        Ballaststoffe
-        Sekundäre Pflanzenstoffe
-        Antioxidantien

* * *

Noch mehr essbare Blüten

Phlox:
Die intensiv duftenden Blüten der Staudenphlox (*Phlox paniculata*) zeichnen sich durch ein kräftiges Aroma aus und passen hervorragend zu verschiedenen Gerichten.

Vergissmeinnicht
Auch als Dekoration für Suppen und Salate sind die kleinen Blüten perfekt geeignet.

Schlüsselblume
Mit ihrem feinen Duft und den wunderschönen Blüten verzaubern uns diese Blüten.

Dazu ist der süßliche Geschmack gleichzeitig einfach
wunderbar.
Man sollte jedoch die Schlüsselblume **nur in Maßen
essen**, da sie magenreizende Saponine enthalten kann.

WICHTIG:
Schlüsselblumen stehen unter Naturschutz, pflücken
Sie daher keine aus dem Wald!
Man kann diese Pflanze sehr gut im eigenen Garten
ziehen.

Salbei
Die Blätter kennt man zur Verwendung, aber auch die
Blüten von Salbei sind essbar.
Je nach Salbeisorte kann der Geschmack der Blüte
dabei ganz unterschiedlich von bitter bis sauer oder
sogar leicht süßlich ausfallen.

Jasmin
Schon alleine der wundervolle Duft von Jasmin macht ihn
zu einer beliebten Pflanze.
Die Blüten können getrocknet werden und als Tee, in
Eiscreme, für Limonade oder als Deko für Kuchen und
Desserts verwendet werden.
Ihr süßlicher Geschmack passt sehr gut für Gebäck.

Bärlauch
Auch die Blüten von Bärlauch können z.B. in Pesto mit-
verwendet werden.
Aber auch als Salatbeigabe oder als Bärlauchblütenessig
verwendet werden.

Apfelblüten
Sie duften im Frühjahr einfach wunderbar. Was die
wenigsten Menschen wissen, man kann sie auch essen!
Sie sind besonders zu Marmelade, Sirup oder kandiert
ein Genuss.

WICHTIG:
-        Nehmen Sie aber nie viele Blüten von einem
         Baum!
-        Und achten Sie darauf, dass nie gespritzt wird!
-        Am Besten sind natürlich eigene Apfelbäume.

Sonnenblumenblüten
Sonnenblumenkerne kennt jeder und auch ihre vielseitige
Verwendung.
Doch wussten Sie, dass man auch die Blütenblätter
essen kann?
Sie sind ungiftig und sehen in einem Salat wirklich toll
aus.

Kapuzinerkresse
Mit ihrem würzig-scharfer Geschmack passen die Blüten
der Kapuzinerkresse sehr gut zu Salat oder aufs
Butterbrot.
Wenn Sie zu viele Blütenknospen haben, legen Sie diese
doch einmal in einen Sud aus Essig, Wasser und Salz
ein. Sie eignen sich sehr gut als Kapernersatz und halten
im Kühlschrank auf diese Art monatelang.

Löwenzahnblüten
Löwenzahnblätter für Salat oder Suppen kennt man
inzwischen recht gut.
Doch haben Sie schon einmal die Blüten gegessen?

Man kann sie als Blickpunkt über dem Salat verteilen.
Als Gelee oder zu Marmelade verarbeiten.
Aus Löwenzahnblüten lässt sich aber auch eine sehr
wirkungsvolle Salbe gegen Gelenkschmerzen herstellen.

* * *
Löwenzahnbonbons

Zutatenliste für die Bonbons
2 Handvoll   frische Löwenzahnblüten
1 Handvoll   frische Gänseblümchen
1/2 Liter   Wasser
100g   Zucker
50g   Honig
je 1 Prise   Ingwer - und Kurkumapulver
Abrieb   Bio Zitrone
Silikonform oder Backpapier

Herstellung der Blüten-Bonbons
-       Schütteln die Blüten ab, damit kleine Gäste
        herausfallen können.
-       Löwenzahn- und Gänseblümchenblüten in einen
        Topf geben und mit dem Wasser übergießen.
-       Relativ lange (etwa 30-45 Minuten) köcheln
        lassen, sodass sich die Flüssigkeit reduziert.
-       Den starken Tee durch ein Sieb abseihen.
-       Es sollten etwa 100ml übrig bleiben, damit es mit
        der Zuckermenge zusammen passt.
-       In einen Topf den Zucker, Honig, Gewürze und den
        Tee geben.
-       Die Masse langsam zum Köcheln bringen lassen,
        sodass die Flüssigkeit noch verdampfen kann.
-       Wer ein Zucker-Thermometer hat, die Masse sollte

eine Temperatur von etwa 145-149 Grad haben.
- Das dauert ein bisschen und man braucht ohne Thermometer ein bisschen Fingerspitzengefühl. - Denn wenn es nicht heiß genug ist, kann es sein, dass die Masse nicht ordentlich fest wird.
- Aber zu heiß sollte es auch nicht werden, damit es nicht verbrennt.
- Hat es die richtige Temperatur, vom Herd nehmen und zügig in Formen füllen oder auf ein Backpapier tropfen.
- Die Masse kühlt schnell ab, daher schnell arbeiten.
- 1-2 Stunden abkühlen lassen, anschließend aus den Formen nehmen.
- Wer möchte, kann die Bonbons noch in Staubzucker wälzen, damit sie nicht zusammen kleben.

* * *

Löwenzahnhonig selber machen – so fruchtig, eine feine Verführung

Zutatenliste
- 200 gr abgezupfte Löwenzahnblüten
- 1 Liter Wasser
- 1 kg Zucker
- 2 unbehandelte Zitronen
- 1 unbehandelte Orange
- 1 Vanilleschote

Bei den Löwenzahnblüten ist es wichtig, dass ihr sie nicht neben viel befahrenen Straßen sammelt, sondern wirklich nur auf Wiesen, wo sie keinen Schadstoffen ausgesetzt sind.

Die 200 gr. Löwenzahnblüten sind schon die abgezupften
Blüten vom Kelch.
Ihr könnt aber durchaus auch die gesamten Blüten mit
dem Kelch verwenden, falls euch das Abzupfen zu viel
Arbeit ist.

Zubereitung:
-	Die abgezupften Blüten gebt ihr in einen großen
	Topf und übergießt sie mit einem Liter Wasser und
	schneidet die Orange in Scheiben und gebt sie
	hinzu.
-	Die Vanilleschote aufschlitzen und das Mark
	herauskratzen und aufheben.
-	Die leere Vanilleschote mit in den Topf geben.
-	Das Wasser nun erhitzen und zum Kochen
	bringen.
-	Danach das Löwenzahnwasser abkühlen lassen
	und am besten über Nacht ziehen lassen.

-	Am nächsten Tag die Blüten und die Orangen
	durch ein Sieb abseihen.
-	In die bereits honigfarbene Flüssigkeit rühren wir
	nun den Zucker und den Saft der Zitronen und die
	Zesten der Zitronenschale.
-	Nun könnt ihr das Mark der Vanilleschote
	hinzugeben.
-	Die Mischung unter ständigem Rühren zum
	Kochen bringen und kurz köcheln lassen.
-	Danach die Temperatur zurückdrehen und bei
	kleiner Flamme simmern lassen.
-	Die Flüssigkeit nun langsam und vorsichtig
	einkochen lassen.
-	Das kann einige Stunden (2-3 Stunden) dauern bis
	sie zähflüssig wird.

- Wenn ihr glaubt, dass die Masse so weit ist, dann nehmt eine kleine Menge auf einen Löffel und lasst sie auskühlen.
- Wenn sie dann schön zähflüssig, wie ein richtiger Honig ist, dann ist sie goldrichtig.
- Die noch heiße Löwenzahnhonig-Masse in saubere Marmeladen-Gläser abfüllen und sofort verschließen.

Köstlich schmeckt der Löwenzahnhonig mit seiner feinen Vanille-Note und etwas fruchtig durch die Orangen und Zitronen.
Als Brotaufstrich, zum Süßen von Tee oder ein kleiner Klecks auf das morgendliche Müsli – wie beim normalen Honig, gibt es viele süße Verwendungsmöglichkeiten.

* * *

Schnittlauchblüten

Probieren Sie doch einmal Schnittlauchblüten im Salat oder zu Fleisch.
Sie schmecken durch den enthaltenen Nektar sogar süßlich.
Nur die Stengel, auf denen die Blüten sitzen, schmecken nicht so gut.

Wie die meisten essbaren Blüten enthalten Schnittlauchblüten:
- viele sekundäre Pflanzenstoffe,
- Vitamine
- und Mineralstoffe,
- beispielsweise Vitamin K,
- Calcium und
- Kalium

Zucchiniblüten

Nicht nur die Früchte der Zucchini sind vielseitig und lecker.
Probieren Sie ruhig einmal die Blüten!

- Roh schmecken sie sehr gut in Salat.
- Aber auch frittiert oder gefüllt sind sie ein Genuss.

* * *

Gefüllte Zucchiniblüten

- Zucchiniblüten vorsichtig unter fließend kaltem Wasser waschen.
- Die Blütenstempel aus dem Inneren der Blüte entfernen und die Blüten zum Trocknen auf ein sauberes Geschirrtuch legen.
- Währenddessen Ricotta mit geriebenem Parmesan in einer Schüssel verrühren, bis er schön cremig ist.

- Mit Salz, frisch gemahlenem Pfeffer und etwas geriebener Muskatnuss würzen.
- Die Blütenblätter vorsichtig öffnen und das Blüteninnere mit Ricottacreme füllen.

- Dabei darauf achten, nicht zu viel Ricottamasse einzufüllen.
- Die Blüten schließen, indem die Blütenspitzen vorsichtig nach innen geschlagen werden, so dass die Fülle nicht herausquillt.
- Die Zucchiniblüten in Mehl wälzen und schwimmend in heißem Öl braten.
- Sobald sich eine zarte Kruste an der Außenseite der Blüten bildet und sie schön goldbraun sind, aus der Pfanne nehmen und auf Küchenpapier abtropfen lassen.
- **Sofort** servieren.

Vielen Dank an meinen Cousin für dieses wunderbare Rezept!

* * *

Frühlingskräuter

Scharbockskraut

Scharbockskraut enthält viel Vitamin C und hat einen mild-würzigen Geschmack.
Schon im April fängt es an zu blühen und sollte dann nicht mehr verzehrt werden. Wegen des in geringen Mengen, auch vor der Blüte enthaltenen, toxisch wirkenden Protoanemonins solltest du nicht mehr als eine Handvoll am Tag verzehren. Scharbockskraut eignet

sich für Salat, pur aufs Brot oder als Zugabe im Smoothie.

Hinweise zur Giftigkeit:
-      Nur kleine Mengen verzehren,
-      nur vor der Blüte

Inhaltsstoffe
-      Gerbstoffe,
-      Ranunculin,
-      Saponine,
-      Vitamin C

Eigenschaften
-      blutreinigend
-      Hilft bei Frühjahrsmüdigkeit,
-      Hämorrhoiden,
-      Hautprobleme,
-      Vitaminmangel

Bärlauch

Im März und April kannst du die Blätter des bärenstarken Bärlauch ernten. Sie sind vor allem für Knoblauchfans eine wahre Köstlichkeit und haben zudem eine stark reinigende und entgiftende Wirkung auf unseren Verdauungstrakt und unser Blut. Bärlauch kann zu Pesto sowie Aufstrich verarbeitet, in den Salat gemischt oder als Suppe gekocht werden

Bärlauch Gnocchi

Zutaten:

30-40 g	frische Bärlauchblätter (etwa eine Hand voll)
400 g	vorwiegend festkochende Kartoffeln
30 g	Butter
1	Ei

2 EL	Kartoffelstärke
50 g	Grieß (z.B. feiner Weizengrieß)
	Salz und Pfeffer
	optional Parmesan
	optional Bärlauchknospen und kleine Blüten

(zum Beispiel Gänseblümchen) zur Dekoration

Zubereitung:

- Kartoffeln samt Schale weich kochen. Bärlauchblätter waschen, gründlich trocken tupfen und grob schneiden.
- Bärlauch und Ei mit einem Pürierstab zu einer homogenen Masse zerkleinern.
- Gekochte Kartoffeln pellen, mit einer Kartoffelpresse zerdrücken und und für zehn Minuten ausdampfen lassen.
- Kartoffelbrei mit der Bärlauch-Ei-Masse, Kartoffelstärke und Grieß sowie etwas Salz und Pfeffer vermischen.
- Den Teig mit den Händen auf einer bemehlten Fläche zu einer fingerdicken Rolle formen und in zwei Zentimeter dicke Stücke schneiden.
- Die Gnocchi zu Kugeln formen und mit einer Gabel etwas platt drücken.

- So entstehen gleichzeitig die typischen Rillen auf der Oberfläche.
- Einen Topf mit Salzwasser zum Kochen bringen und die Gnocchi einige Minuten darin ziehen lassen, bis sie an der Oberfläche schwimmen.
- Die Gnocchi herausnehmen, abtropfen lassen und in zerlassener Butter schwenken.
- Auf Wunsch mit Parmesan bestreut servieren.

Haselstrauch

Vom Haselstrauch kannst du jetzt männliche Blütenkätzchen und ab März auch ganz junge Blätter ernten.
Die auffälligen Blütenkätzchen können als Tee zubereitet eine Frühjahrskur unterstützen und die zarten Blätter werden im Salat gegessen oder gemischt mit anderen Wildkräutern wie Spinat zubereitet.

* * *

Pappelblätter- und Blüten

Junge Pappelblüten und –blätter können zusammen mit Gemüse gekocht werden. Sie haben eine antibakterielle sowie entzündungshemmende Wirkung und werden auch als Tee aufgegossen.

Echte Schlüsselblume

Besonders früh blühen auf mageren Wiesen für kurze Zeit die hübschen Schlüsselblumen. Sie steht unter Naturschutz und gilt als besonders geschützt, was bedeutet, dass die Wurzeln von wild wachsenden Pflanzen nicht gesammelt werden dürfen. Aber auch die aromatischen Blüten und Blätter solltest du nur sehr achtsam sammeln oder besser noch im eigenen Garten ernten.
Aus den Blüten lässt sich ein wohlschmeckender Tee zubereiten, der auch ein gutes Mittel gegen hartnäckigen Husten ist.
Als Dekoration auf Süßspeisen eignen sich die honigsüßen Blüten ebenfalls. Zarte Blätter verwendet man zum Beimischen im Salat und für Spinatgerichte.

Huflattich Blüten

Huflattich ist ein sehr mildes Kraut, welches vielfältig in der Küche Verwendung finden kann. Knospen, Blüten und genauso Blütenstiele schmecken wunderbar im Salat. Ebenso werden die Blüten als essbare Dekoration genutzt und in Bratlingen verarbeitet.

Junge Blätter werden in den Salat oder Kräuterquark geschnitten. Blätter und Blütenstängel schmecken auch als Gemüse gegart, dazu passen gut Kartoffeln. Große Blätter eignen sich als Blattrouladen, gefüllt mit Käse und Gemüse.

Huflattich enthält einen hohen Anteil an Mineralstoffen wie Kalium, Kalzium, Zink, Magnesium, Kieselsäure und Eisen. Zudem enthält er Schleim- und Gerbstoffe, wodurch er zu einer hervorragenden Pflanze für alle Bronchialerkrankungen wird. So bekam der Huflattich 1994 auch eine Auszeichnung als "Heilpflanze des Jahres".

Leider ist er in Verruf geraten, da neben seinen vielen wertvollen Inhaltsstoffen auch in geringen Mengen Pyrrolizidinalkaloide enthalten sind, welche im Verdacht stehen, leberschädigend zu wirken. Es wird deshalb empfohlen, Huflattichtee nicht über einen Zeitraum von vier Wochen hinaus einzunehmen. Fleischhauer schreibt in seinem Buch "Essbare Wildpflanzen", dass Huflattich seit Jahrhunderten (auch in größeren Mengen) konsumiert wurde, ohne dass derartige Wirkungen beschrieben sind. Im Handel erhältlicher Huflattichtee ist frei von Pyrrolizidinalkaloiden.

Ahorn

Im Februar und März findest du an vielen Stellen junge, vitalstoffreiche Keimlinge. Insbesondere die Samen des Ahorns sind weit verbreitet und sehr schmackhaft.
Wie du sie sammelst und leckere Gerichte mit Ahornkeimlingen zubereitest, erfährst du hier.

Aber auch die jungen Ahornblätter sind dank ihres milden Geschmacks bis Ende April eine hervorragende Salatgrundlage. Weiterhin werden sie als Zutat in Suppen, Gemüsegerichten oder zur Sauerkrautherstellung verwendet.
Sie enthalten wertvolle Mineralstoffe wie Eisen, Magnesium, Kalzium und Kalium.

Feldsalat mit Ahorn-Keimlingen

Für 4 Personen benötigst du:
100 g   Feldsalat
30-50 g   Spitz-Ahorn-Keimlinge mit Wurzeln
50 g   geriebenen Apfel oder
4   Radieschen
2 EL   kaltgepresstes Walnussöl oder Kürbiskernöl
1 EL   Apfelessig
etwas Zucker oder Honig
feines Meersalz und Pfeffer

Zubereitung:
-       Öl, Essig, Zucker, Salz und Pfeffer gut miteinander
        verrühren, so dass eine dickflüssige Soße
        entsteht.
-       Den Salat mit den restlichen Zutaten anrichten und
        das Dressing über dem Salat verteilen.
-       Fertig ist der Ahornsprossensalat.

* * *

Wildkräuter die man im Februar sammeln kann:

Gänseblümchen
Giersch
Gundelrebe
Löwenzahn
Nelkenwurz
Taubnesseln, rote & weiße
Vogelmiere
Wiesenlabkraut & Klettenlabkraut

Wurzeln im Februar
Beinwell
Brennnessel
Große Klette
Löwenzahn
Nelkenwurz

Bäume und Sträucher im Februar
Die Nadeln von Douglasie, Fichte, Kiefer und Tanne
Die Kätzchen des Haselstrauches

* * *
Verschiedene essbare Wildkräuter

Bärlauch
Zu Beginn des Frühlings könnt ihr die Blätter vom
Bärlauch sammeln, später die noch grünen, unreifen
Früchte.
Wer will, holt sich die Zwiebeln aus dem Boden.
Mit seinem stark an Knoblauch   erinnernden Aroma ist
Bärlauch   ideal zur Zubereitung von Pesto oder Dips.
Wer ihn zum Kochen verwenden will, sollte ihn erst am
Ende der Garzeit hinzufügen, da er durch Erhitzen
schnell sein Aroma einbüßt.

Brennnesseln
wachsen im Frühjahr rasant und setzen sich schnell
gegen andere Licht suchende Pflanzen durch.
Auch in milden Wintern findet man des öfteren junge
Triebe und kann sie für die Ernährung nutzen.
Sie sind vollgepackt mit Vitaminen, Eisen und Eiweiß und
sind ein wahrer Segen für die Gesundheit.

Echte Nelkenwurz

Sie liebt nährstoffreiche, feuchte Böden. Junge Blätter
können in den Salat gemischt werden, wohingegen
ältere Blätter fein geschnitten Gemüsegerichte oder
den Kräuterquark bereichern.
Getrocknet kannst du sie auch als Gewürz verwenden.

Franzosenkraut

Es wächst an Wegen, in Weinbergen und auf Feldern.
Aus den aromatischen Blättern kannst du Spinat kochen
oder es zu Suppen dazu geben.

Gänseblümchen

Es blüht das ganze Jahr über und streckt seinen zarten
Kopf in Richtung Sonne, sobald die Schneedecke lichter
wird.
Es ist reich an Vitamin C, Magnesium, Eisen und
anderen Vitalstoffen und eignet sich hervorragend als
Dekor auf vielen Speisen.

Gundermann

kriecht flach am Boden und seine Blätter kannst du auch
im Winter nutzen.
Er ist ein leckeres Würzkraut und kann bei Schnupfen
sowie langwierigen Krankheiten helfen.

Klee

Du musst nicht nach vierblättrigen Pflanzen
durchsuchen, die dreiblättrigen eignen sich genauso als
Salatbeigabe oder als Zugabe zu Brennnessel –
Bratlingen.

Knoblauchrauke

ist ein wunderbares Würzkraut, welches, wie der   137

Name schon sagt, leicht nach Knoblauch schmeckt.
Junge Blätter und Triebe sind am besten roh zu
verzehren, da ihr Geschmack durch Erhitzen verloren
geht.
Die Pflanze wirkt blutreinigend, harntreibend und
schleimlösend und kann bei Atemwegserkrankungen
gute Dienste leisten.

Löwenzahn

gehört zu den früh austreibenden Pflanzen und ist in
einem milden Winter versucht, neue Blätter auszubilden.
Vergangenes Jahr habe ich sogar noch im Dezember ein
paar gelbe Blüten gesehen.
Die Blätter sind besonders reich an Vitamin C und
Provitamin A.

Mädesüß

wächst da wo es nass ist: in Gräben, an Ufern und
Quellen. Mit den süß schmeckenden Blüten kannst du
Tees, Desserts und Limonaden aromatisieren.

Pfennigkraut

Die kleinen Blättchen des Pfennigkrauts, mögen
unscheinbar sein, aber gerade im Winter können sie
unseren Speiseplan bereichern.
Sie verfügen über viel Kalium und liefern Kieselsäure,
Gerbstoffe und Schleimstoffe.
Du kannst die leicht säuerlich schmeckenden Blätter in
Salaten, Quark und Kräuterbutter verwenden oder
getrocknet in Würzmischungen weiterverarbeiten.

Rot – Klee

findest du auf fast allen Wiesen. Seine roten Blüten
schmecken süß.

Du kannst sie über Salate streuen, in Teig einkneten oder als Bratling ausbacken.
Aus den Blüten kann man auch sehr wirksames Öl bzw. eine Creme herstellen.

Sauerampfer

Er treibt an sonnigen Tagen neue Blätter aus, die du sowohl in der Küche als auch für Heilanwendungen nutzen kannst.
Salaten und Suppen gibt er einen besonderen Geschmack.
Er ist reich an Vitaminen und Mineralstoffen, welche sich insbesondere für eine Frühjahrskur eignen.

Spitzwegerich

Ihn kann man in den kalten Monaten finden. Ihr milder Geschmack macht sie zur idealen Salatbeigabe.
Wenn du größere Mengen findest, lässt sich aber auch eine leckere Spitzwegerich-Suppe damit zubereiten.
Ein heißer Teeaufguss mit den Blättern ist ideal gegen Erkältungen und die Schleimstoffe lindern Schmerzen beim Husten.

Vogelmiere

ist eine Pionierpflanze, die sich schnell über ungeschützten Boden ausdehnt und ihn vor Erosion bewahrt.
Sie ist auch in kälteren Monaten aktiv und kann in größeren Mengen geerntet werden.
Wenn du sie findest, solltest du unbedingt etwas mit in die Küche nehmen.
Sie ist sehr reich an Vitaminen A, B und C und liefert weit mehr Eisen, Kalium, Kalzium und Magnesium als heimisches Kulturgemüse.

Außerdem kann sie dir bei Husten, Lungenleiden und Rheumabeschwerden Linderung verschaffen.

Waldmeister
Wer frischen Waldmeister verwenden möchte, sollte ihn vor der Blüte ernten, denn mit der Blüte steigt der Cumarin - Gehalt.
Dann das Kraut einige Stunden bis Tage trocknen lassen.
Waldmeister wirkt gefäßerweiternd, entzündungs- hemmend und krampflösend.

Waldsauerklee
Er schmeckt zitronig erfrischend und wächst in Laubmischwäldern.
Die Blätter sind ein leckerer Snack während Wanderungen, können aber auch als Gewürz über Salate gegeben werden.

Wermut
Wermut ist eine besonders aromatische Heil- und Gewürzpflanze, die mit wenig Pflege   auskommt und im Staudenbeet und Steingarten eine tolle Wirkung hat.
Wermut wurde bereits im Altertum bei Verdauungs- beschwerten sowie Kopf- und Augenschmerzen eingesetzt.
In der modernen Medizin wir er für verschiedene Erkrankungen des Magen-Darm-Trakts angewendet.
Das im Wermut, aber auch in Salbei, Thymian und Rosmarin enthaltene Nervengift Thujon wirkt in großen Mengen in Verbindung mit Alkohol halluzinogen und euphorisierend. Siehe Absinth!!

Wiesen – Schaumkraut
Die jungen Blätter eignen sich gut als Salatbeigabe und
in Kräuterquark.
Ein Tee mit dem Kraut regt Leber und Galle an, stärkt
unser Immunsystem und kann bei chronischen
Gelenkerkrankungen und Hautproblemen helfen.

Wilder Oregano
Oregano gibt es auch wild, und zwar an sonnigen
Hecken und Waldrändern.
Die Blätter und Blüten kannst du frisch oder getrocknet
als Gewürz verwenden.

**Mehr zu deren Verwendung mit passenden Rezepten
finden Sie hier in meinem Buch:**

„ Wild- und Heilkräuter in der Küche „

**https://buchshop.bod.de/wild-und-heilkraeuter-in-der-
kueche-traude-schubert-9783759706263**

* * *

Essbare Wildkräuter im Sommer

Im Sommer werden auch die **Blüten** von essbaren
Wildkräutern und Pflanzen gesammelt.
- Johanniskraut,
- Hagebutten,
- Mädesüß und
- Holunder

Johanniskraut

* * *

Gesunde und essbare Blätter aus dem Wald

Auch die Blätter einiger Bäume können im Frühjahr geerntet und verzehrt werden, verrät die Pflanzen-Expertin Christine Gasteiger.

Birke

Buche

Dazu zählen:

- Birke   (reich Vitamin C)
- Buche   (stoffwechselanregend)
- Haselnuss   (blutreinigend)
- Linde   (schleimlösend)
- Weißdorn   (regt die Durchblutung der
               Herzkranzgefäße an)

Haselnussstrauch

Linde   Weißdorn

Auch hier gilt:

- Nur ernten, wenn Sie sich ganz sicher sind,
  das Gewächs richtig bestimmt zu haben – und nur so
  viel, wie auch wirklich   benötigt   wird.
- Dann beschenkt uns die Natur weiterhin reichlich mit
  ihren gesunden Gaben.

EXTRAS FÜR FRAUEN

Vergrößert die Brüste

Das in Bockshornklee enthaltene **Phytoöstrogen**
verbessert den Östrogenspiegel, was wiederum die
Zellteilung unterstützt und die Brustvergrößerung fördert.

Anwendung:
-       Bereiten Sie eine Paste aus Bockshornklee-
        samenpulver zu und massieren Sie diese in Ihre
        Brüste ein.
-       Waschen Sie sie nach etwa 10 Minuten mit kaltem
        Wasser ab

* * *

Inhaltsstoffe

Bockshornklee bzw. Methi Dana enthalten:
-       viele Nährstoffe
-       und bioaktiver Verbindungen
-       viel Niacin,

- Kalium,
- Protein,
- Ballaststoffe
- Vitamin C
- und Eisen.
- Vitamin A
- Vitamin B

* * *

Aroma von Bockshornklee

Bockshornklee verbreitet einen sehr intensiven Geruch.
 Besonders stark riecht der Samen, wenn man diesen zerreibt.
Diese Samen sind es auch, die zu Nahrungser-gänzungsmittel, zu Tees oder zu Wickel verarbeitet werden.

* * *

WICHTIG zu wissen

Bockshornklee hat viele positive Wirkungen auf die Gesundheit.
Jedoch kann Bockshornklee bei empfindlichen Menschen
- Nebenwirkungen wie **Magen-Darm-Beschwerden**
- oder bei äußerlicher Anwendung **Hautreaktionen** auslösen.

Bei Beschwerden wie Atemnot oder Anschwellen des Halses unverzüglich einen Arzt rufen!

Bei Überdosierung kann Bockshornklee
- zu Beschwerden im Magen-Darm-Trakt
- und vermehrter Schweißbildung führen.

145

WICHTIG:
- Sprechen Sie die EINNAHME VON Bockshornkleepräparaten unbedingt mir Ihrem Arzt ab.
- Es könnte zu Wechselwirkungen mit Ihren Medikamenten kommen.

* * *

Wechseljahresbeschwerden

Wild Yams (Dioscorea villosa) und **Bockshornklee** (Fenugreek) werden als Nahrungsergänzungsmittel zur

Linderung von Wechseljahresbeschwerden.
- Wie beispielsweise Hitzewallungen
- oder hormonell bedingtem Haarausfall, angeboten.

Sowohl über den Nutzen als auch über mögliche gesundheitliche Risiken ist bisher wenig bekannt.

* * *

Hilfen bei Periodenproblemen

Oft haben Frauen Krämpfe in den Tagen, hier einige hilfreiche Tipps.

- Ruhe und Wärme - von innen und von außen. ...
- Streicheleinheiten für den Bauch. ...
- Bewegen und entspannen. ...
- Essen und Trinken für ein gutes Bauchgefühl. ...
- Auch Medikamente können helfen. ...
- Nicht die Heldin spielen. ...
- Yoga
- und Progressive Muskelentspannung online

\-   Auch Sex kann bei Krämpfen entspannend wirken.

* * *

Regelmäßige Bewegungen können den Blutfluss beschleunigen

Regelmäßige körperliche Aktivität kann dazu beitragen, die Menstruation zu verkürzen.
Sport regt die Durchblutung an und hilft dem Körper, die Gebärmutterschleimhaut schneller abzubauen.
Besonders Ausdauersportarten wie Laufen, Radfahren oder Schwimmen können positive Effekte haben.

* * *

Verschiedene Kräuter, die hilfreich für Frauen in allen Lebenslagen sind

1. Brennnesselblätter - Hanfblätter
Auch Brennnesselblätter sind reich an Calcium, Kieselsäure und Eisen.

2. Frauenmantel
Der Frauenmantel gehört zu den bekanntesten Frauenkräutern.
\-   Er ist bei Frauen in jeder Lebensphase der Weiblichkeit beliebt.
\-   Er beeinflusst den Zyklus positiv, wenn dieser beispielsweise unregelmäßig ist.
\-   Zusätzlich lindert er Krämpfe während der Menstruation und besänftigt leicht bei Unruhe.

Empfehlenswert ist es,
\-   während der ersten Zyklushälfte Tee aus

Himbeerblättern zu trinken
-        und in der zweiten Hälfte Frauenmanteltee.

3. Grüner Hafer

Gerade als Frau ist es wichtig, sich ausreichend mit
Mineralstoffen und Eisen zu versorgen.
Grüner Hafer ist ein hervorragendes Teekraut für diesen
Zweck.
Er ist unter anderem reich an Kalzium, Zink, Eisen und
Kieselsäure.

4. Hanfblätter

Hanfblätter enthalten ebenso reichlich Eisen und
Calcium.
Regelmäßig ein bis zwei Tassen Tee helfen dabei, Ihre
Reserven aufzufüllen.

5. Himbeerblätter

-        Himbeerblätter sind als Tee gegen Ende der
         Schwangerschaft besonders bekannt.
-        Sie unterstützen den Körper dabei, sich auf die
         Geburt vorzubereiten.
-        Ähnlich wie der Frauenmantel haben
         Himbeerblätter auch regulierende Eigenschaften.

6. Kamille

Verwöhnen Sie sich, ein frisch aufgebrühter Kamillentee,
dazu eine Decke und eine Wärmflasche.
Es hilft Ihnen, Krämpfe zu lösen und entspannter zu
werden.

7. Salbei

Salbei ist eher bekannt als Heilpflanze in der
Erkältungszeit.

-       In der ersten Zyklushälfte getrunken, wirkt er aber auch **positiv auf den Hormonhaushalt.**
-.   Salbei löst auch **Krämpfe** während der Menstruation und
hemmt **übermäßige Schweißbildung** während der Menopause.

8. Schafgarbe

Die Schafgarbe ist ein vielgerühmtes Frauenkraut.
-       Ihre positiven Eigenschaften sind sehr umfangreich für viele Bedürfnisse der Frau.
-       Menstruationskrämpfe, lang anhaltende oder eine sehr kurz andauernde Menstruation sind ein Fall für die Schafgarbe.
-       Bei unregelmäßigem Zyklus können Sie Tee aus der Schafgarbe in der zweiten Zyklushälfte ausprobieren.

9. Zitronenmelisse

-       Die Zitronenmelisse besänftigt den krampfenden Bauch und den unruhigen Geist.
-       Sie kräftigt den Kreislauf und lindert Kopfschmerzen während der Menstruation.
-       Auch äußerlich ist die Zitronenmelisse besonders wohltuend.

* * *

Noch etwas zum Schmunzeln:

Beim Mann geht man im Durchschnitt von einem Orgasmus von **13 Sekunden** aus, bei der Frau zwischen **13 und 51 Sekunden.**
Kürzer oder länger, alles ist möglich.
Das Erleben ist – wie gesagt – sehr individuell.

Als Vergleich: Drei Sekunden auf einer Herdplatte sitzen fühlt sich an wie eine Ewigkeit.

* * *

Die weibliche Libido

Auch Frauen leiden und dem Verlust, oder der Herabsetzung ihrer Libido.
Verantwortlich sind dafür oft Stress, der Verlust eines geliebten Menschen oder gar eine Erkrankung.
Doch auch Frauen sollten sich damit nicht zufrieden geben. Es gibt auch natürliche Heilmittel und Hilfen.

So zum Beispiel Hausmittel wie:
- Ginseng,
- Ginko,
- Bockshornklee,
- Spargel
- Maca,
- Knoblauch,
- Fenchel,
- Ingwer,
- Salbei,
- Muskatnuss (Vorsicht- gering dosieren !)

Vor allen Dingen weg mit dem Druck! Druck schadet immer. Setzten Sie sich nicht Druck aus, egal ob von Ihnen selbst, oder Ihrem Partner.

* * *

Den eigenen Körper lieben lernen

Hat man Ihnen schon als Kind gesagt:

- Sie seien nicht gerade eine Schönheit?
- Ihre Haare sind einfach zu glatt oder zu kräuselig?
- Ihre Brüste zu klein oder zu groß?
- Ihr Hintern sei zu dick, oder kaum zu erkennen?
- Ihr Körper wäre einfach zu dick, oder sie wären zu dürr?

Seither sind Sie unsicher? Wie gefällt Ihnen persönlich Ihr Körper, so wie er ist?

SIE alleine müssen damit konform gehen.
Lernen Sie Ihren Körper zu lieben, so wie er ist.
Denn welcher Körper ist denn wirklich perfekt?

Die aus der Werbung? Die Schauspielerinnen? Die Influenzerinnen?

Wer diese für sooo perfekt hält, braucht eine Brille!
- Bilder werden mit KI bearbeitet.
- Schauspielerinnen, Sängerinnen und Influenzerinnen lassen durch Chirurgen nachhelfen.
- Eine normale Frau trägt in einer Woche weniger Make-up als viele dieser Frauen an einem Tag verbrauchen.

Lassen Sie sich vor allem von niemandem ! einreden, sie wären nicht wunderschön.
Denn Sie sind es! Sie sind perfekt, genau so wie Sie sind!

* * *

Lernen Sie Ihren Körper kennen

Kennen Sie wirklich Ihre erogenen Zonen?
Probieren Sie selbst aus, welche dies sind, oder bitten
Sie ihren Partner, er solle sie erkunden.

Vor allem setzten Sie sich nie unter Druck. (So nach
dem Motto: ahh jetzt streichelt er mich da, jetzt sollte ich
reagieren!! „.   Das ist Quatsch!

Genießen Sie doch einmal einen Abend nur mit
Streicheln und Küssen.
Genießen Sie zuvor ein wunderbares Abendessen, aber
nur mit wenig Alkohol.
Alkohol macht zwar locker, enthemmt sogar, ABER das
ist nicht Sinn der Sache!
Der Kater kommt doppelt.
Ausdrücklich ohne Sex! Sie werden sehen, sie wollen ihn
dann!

Yamswurzel

Yamswurzel gegen Osteoporose und Östrogendominanz

Yamswurzel beeinflusst den weiblichen Hormonhaushalt günstig.
Es liegen hierzu drei Studien vor:
- Wild Yam stärkt die Knochen
- Schützt die Gefäße und
- hilft bei Östrogendominanz
sowohl vor als auch in den Wechseljahren!

In Amerika wurde die Yamswurzel von den Ureinwohnerinnen als **natürliches Verhütungsmittel** eingesetzt.

Eine Östrogendominanz zeigt sich bei Frauen durch verschiedene Symptome:
- Migräne
- Spannungsgefühle in den Brüsten

- Depressionen und starke Stimmungs-
schwankungen
- Schlafstörungen
- Müdigkeit und eingeschränkte Leistungsfähigkeit
- Wassereinlagerungen
- Myome und Zysten
- Verkürzte Zyklen und Schmierblutungen in der 2.
Zyklushälfte
- Unfruchtbarkeit
- Hautbeschwerden wie z. B. Akne
- Haarausfall

* * *

Hormonell bedingter Haarausfall bei Frauen

Einige Millionen Frauen leiden unter Haarausfall.
Nicht selten ist dafür ein hormonelles Ungleichgewicht
verantwortlich, das insbesondere in den Wechseljahren
und nach einer Schwangerschaft den Haarwuchs
beeinträchtigen kann.
Leider sprechen noch immer viele Frauen darüber nicht
mit einem Arzt.
Doch es gibt zahlreiche effektive Therapien.

Mit Hilfe von:
- Heilpflanzen,
- Phytohormonen,
- einem ganzheitlichen Haarausfallkonzept
- sowie der richtigen Ernährung

Durch die Hormonumstellung kann auch ein genetisch
bedingter Haarausfall zum Ausbruch kommen.

Es gibt zahlreiche **haarkräftigende Heilpflanzen** wie

- Brennnessel,
- Birkenblätter,
- Rosmarin,
- Ingwer oder
- Zinnkraut,
die genutzt werden können, um den Haarwuchs zu fördern.

Weißdorn, **Rosskastanie** oder **Nachtkerze** enthalten zudem einen östrogenähnlichen Stoff (Beta-Sitosterol), der Haarausfall in den Wechseljahren stoppen kann.

Die Heilpflanzen können als **Tee getrunken** oder als **Tinktur** bzw. **Sud** in die Kopfhaut einmassiert werden. Auf diese Weise kann die **Durchblutung gefördert** und das **Haarwachstum angeregt** werden.
Wird der Körper über die Ernährung ausreichend mit Nährstoffen versorgt, werden die Haarwurzeln zusätzlich gestärkt.

MEIN RAT:
Sprechen Sie ruhig mit Ihrem Arzt über dieses Problem. Glauben Sie mir, Sie sind nicht alleine damit!

Quelle:
https://www.zentrum-der-gesundheit.de/suche?q=yamswurzel

EXTRAS FÜR MÄNNER

Auf welche Pflanzen sollten Sie als Mann heutzutage auf keinen Fall verzichten?
-		Da wäre Myrtillokaktus für eine wilde Nacht
-		und Coffee arabica, der dabei hilft, den Tag danach zu überstehen.

* * *

Sägepalme

Die Sägepalme wächst unter anderem an den Küsten Floridas, wo sie durch ihre großen fächerförmigen Blätter auffällt.
Im Herbst bildet die Zwergpalme dunkelrot gefärbte Früchte, die fettreiche Samen enthalten.
Für die Ureinwohner Floridas, die Seminolen, stellten die Beeren ein wichtiges Nahrungsmittel dar – obwohl sie sehr bitter schmecken.

Aus den Zweigen fertigten die Seminolen Flechtwaren,
die Früchte nutzten sie auch als **pflanzliche Medizin.**

In Europa wurde die Sägepalme als Heilkraut erst im 20.
Jahrhundert bekannt.

* * *

Inhaltsstoffe der roten Früchte

Sie enthalten:
-        pflanzliche Hormone – die sogenannten Sterole.
-        Insbesondere die Substanz beta-Sitosterol spielt
        unter ihnen eine Rolle.
-        Daneben finden sich langkettige Zuckermoleküle, -
        Flavonoide
-        und pflanzliches Öl.

* * *

Hilfe für die Prostata

Es gibt diverse pflanzliche Mittel, die entweder nur
-        Sägepalmenfrüchte
-        oder verschiedene Kombinationen aus –
        Sägepalme,
-        Kürbis
-        und Brennnessel enthalten.

Sie sollen Männern helfen, denen die Prostata Probleme
bereitet und die unter anderem Beschwerden beim
Wasserlassen haben.

WICHTIG:
Sägepalmenfrüchte rufen nur selten Nebenwirkungen
hervor.

- Manchmal kann es zu Magenbeschwerden kommen.
- Übelkeit, Erbrechen,
- Diarrhö (Durchfall)

Sehr selten kann es zu:
- Brustdrüsenvergrößerung
- Hautausschlag
- Ödeme (Wassereinlagerungen
- Akute Hepatitis (Leberentzündung)

Medikamente mit Sägepalme werden meist als Tabletten angeboten.

Quelle:
https://www.apotheken-umschau.de/medikamente/heilpflanzen/saegepalme-736547.html

* * *

Bockshornklee

Bockshornklee zählt zu den Hormonpflanzen.
- Besonders Männer profitieren von den kleinen Samen, da sie den **Testosteronspiegel erhöhen**
- und **Muskelaufbau fördern** können.

* * *

Inhaltsstoffe

Bockshornklee bzw. Methi Dana enthalten:
- viele Nährstoffe
- und bioaktiver Verbindungen
- viel Niacin,

-       Kalium,
-       Protein,
-       Ballaststoffe
-       Vitamin C
-       und Eisen.
-       Vitamin A
-       Vitamin B

* * *

Aroma von Bockshornklee

Bockshornklee verbreitet einen sehr intensiven Geruch. **Besonders stark riecht der Samen, wenn man diesen zerreibt**.
Diese Samen sind es auch, die zu Nahrungsergänzungs-mittel, zu Tees oder zu Wickel verarbeitet werden.

* * *

Achten Sie darauf bei der Einnahme

Vermeiden Sie die Einnahme von Bockshornklee zusammen mit anderen Kräuter-/Nahrungs-ergänzungsmitteln, die ebenfalls die **Blutgerinnung beeinflussen können**.

Dazu gehören:
-       Engelwurz (Dong Quai),
-       Paprika,
-       Gewürznelke,
-       Danshen – Rotwurzel Salbei
-       Knoblauch,
-       Ingwer,
-       Ginkgo,

- Rosskastanie,
- Panax Ginseng,
- Pappel,
- Rotklee,
- Sägepalme, (Siehe Extraseiten)
- Kurkuma
- und Weide

Bockshornklee wird in Apotheken oder online meist als Kapseln angeboten.

WICHTIG
Sprechen Sie die Einnahme immer mit Ihrem Arzt ab!!

* * *

WICHTIG zu wissen

Bockshornklee hat viele positive Wirkungen auf die Gesundheit.

Jedoch kann Bockshornklee bei empfindlichen Menschen
- Nebenwirkungen wie **Magen-Darm-Beschwerden**
- oder bei äußerlicher Anwendung **Hautreaktionen** auslösen**.**

Bei Beschwerden wie Atemnot oder Anschwellen des Halses unverzüglich einen Arzt rufen!

Bei Überdosierung kann Bockshornklee
- zu Beschwerden im Magen-Darm-Trakt
- und vermehrter Schweißbildung führen.

Damiana

In der traditionellen Medizin wurde Damiana zur Behandlung von verschiedenen Beschwerden eingesetzt, darunter auch als Aphrodisiakum.
Heute wird Damiana vor allem als natürliches Mittel zur **Steigerung der Potenz und Libido** eingesetzt und findet zunehmend Verwendung in der Naturheilkunde.

Mit einer nachlassenden oder verminderten Libido kämpfen immer mehr Menschen.
Bei den Männern (und Frauen) trifft dies nicht nur ältere Personen, sondern auch Jüngere.
Die Ursachen hierfür können vielfältig sein.

Eine Pflanze, die hinsichtlich dieser Beschwerden unterstützen kann, ist **Damiana**.

Wirkung:
Ihr Effekt liegt in der positiven Wirkung auf Botenstoffen

im Gehirn, welche für das sexuelle Verlangen zuständig sind.
So können ihre Inhaltsstoffe zu intensiveren Empfindungen beitragen, und sie wirkt entspannend.
Die Pflanze hat dabei auf **Männer und Frauen** die gleiche Wirkung.

Nebenwirkungen / Zu Beachten:
-        Möglich sind allergische Reaktionen wie Juckreiz oder Rötungen.
-        Schwangere und Stillende sollten das Medikament nicht einnehmen.
-        Damiana kann den Blutzuckerspiegel beeinflussen.
-        Dies kann die Blutzuckerkontrolle während und nach der Operation beeinträchtigen.

* * *

Inhaltsstoffe

Die Blätter enthalten:
-        Flavonoide (u. a. Acacetin und Apigenin),
-        viele Terpene (ätherisches Öl),
-        Phenolglykoside (Arbutin),
-        cyanogene Glykoside (u. a. Tetraphyllin B)
-        sowie Gerbstoffe
-        und Koffein enthalten.

* * *

Weitere Anwendungen von Damiana

Historisch haben Kräuterheilkundige Damiana für viele andere Zwecke verwendet, beispielsweise zur:

-      Bekämpfung von Infektionen
-      oder zur Verbesserung der Stimmung,
-      aber es bedarf weiterer wissenschaftlicher
       Forschung

Damiana enthält Flavonoide, die nachweislich die Haardichte erhöhen und Haarausfall vorbeugen .
-       Flavonoide wirken, indem sie das Wachstum
        neuer Haarzellen fördern und vorhandene stärken.
-       Es gibt mehrere Möglichkeiten, Damiana für das
        Haarwachstum zu verwenden,
-       darunter: Damiana-Tee

Als Entspannungsmittel für das zentrale Nervensystem hilft Damiana
-       bei der Regulierung von Angstgefühlen
-       und körperlichem Stress .

Es enthält den Phytochemikalien Apigenin, der Studien zufolge:
-       sowohl die glatte Muskulatur entspannt
-       als auch Schmerzen lindert.

Damiana wird in Mexiko und Mittelamerika seit Jahrhunderten wegen:
-       seiner beruhigenden Wirkung verwendet,
-       die den Schlaf fördern und nervösen Stress lindern
        kann .

Damiana wird als Tee und Tabletten angeboten.

* * *

Weitere natürliche Mittel zur Potenzsteigerung

- Koreanischer Ginseng,
- Maca aus den peruanischen Anden,
- das afrikanische Potenzholz Yohimbin
- oder der (sub-)tropische Erd-Burzeldorn

seit vielen Jahrhunderten gelten diese pflanzlichen Stoffe als potenzsteigernd.

Informationen zu Maca

Maca kommt aus Südamerika und wurde schon von den Indios genutzt.
Die Knolle wird getrocknet und pulverisiert als Nahrungsergänzungsmittel
- für Sportler empfohlen, (zur Leistungssteigerung)
- findet aber auch in der Naturheilkunde Anwendung
- bei Libidomangel und
- Potenzproblemen,
- bei unerfülltem Kinderwunsch und in
- in den Wechseljahren.

Der Begriff SSRI bezeichnet eine Gruppe Antidepressiva (Serotoninwiederaufnahmehemmer), zu deren Nebenwirkungskomplex sexuelle Störungen der unterschiedlichsten Art gehören können, wie z. B. eine verminderte oder gänzlich verschwundene Libido, Impotenz beim Mann, vorzeitiger oder überhaupt kein Orgasmus, gefühllose Geschlechtsorgane bis hin zu emotionaler Abstumpfung.

In genannter Studie (randomisiert und doppelblind)

erhielt ein Teil der Probanden 1,5 g Macapulver pro Tag, ein anderer Teil 3 g. Es zeigte sich, dass die höhere Dosis von 3 g pro Tag (nicht aber 1,5 g) zu einer signifikanten Verbesserung der sexuellen Beschwerden führte.

Die Forscher stellten zudem fest, dass das Pulver sehr gut vertragen wurde.

Sie schlossen ihren Studienbericht mit dem Fazit, dass Maca die SSRI-bedingte sexuelle Dysfunktion mindern und insbesondere eine vorteilhafte Wirkung auf die Libido haben kann.

Quelle:
https://www.zentrum-der-gesundheit.de/krankheiten/ maennerkrankheiten/potenzstoerung/maca

* * *

Lesen Sie hier mehr zum Problem sexuelle Störungen

https://www.zentrum-der-gesundheit.de/bibliothek/ partnerschaft-familie/sexualitaet/libido

* * *

Granatapfel

Der Granatapfel enthält
-        viel Kalium, das wichtig ist für **Muskeln**, **Herz** und **Nerven**.
-        Auch Kalzium
-        und Eisen gehören zu den Inhaltsstoffen,
-        außerdem B-Vitamine.

-       Der Vitamin-C-Gehalt ist geringer als man meinen möchte – gerade einmal sieben Milligramm pro 100 Gramm.

Kauen Sie die Granatapfelkerne bitte gut durch, damit die wertvollen Inhaltsstoffe vom Körper verwertet werden können.

Vorsicht ist geboten bei:
-       mehr als eine Handvoll Granatapfelkernen, bzw. mehr als einem Glas Saft. **Es kann zu Sodbrennen kommen!**
-       Granatapfel enthält **relativ viel Zucker**, daher sollten Menschen mit **Diabetes vorsichtig** sein.

Dazu gehören **cholesterinsenkende Medikamente wie Statine**.
Granatäpfel können auch mit dem **Blutverdünner** Marcoumar oder Sintrom interagieren, wodurch die blutverdünnende Wirkung verringert und die Gerinnungswahrscheinlichkeit steigt.

* * *

Bei welchen Krankheiten hilft Granatapfel?

Extrakte aus Granatapfel, Granatapfelsaft oder andere Bestandteile der Frucht sollen beispielsweise bei:
-       Herz-Kreislauf-Erkrankungen,
-       Bluthochdruck,
-       Diabetes
-       oder einem hohen Cholesterinspiegel helfen.

Wissenschaftlich ist bisher nichts davon eindeutig bewiesen.
Auch **gegen Krebs** soll Granatapfel wirken.

- Die Ellagsäure des Granatapfels wird von den Darmbakterien zu Urolithin verstoffwechselt.
- Dieses Abbauprodukt wirkt antientzündlich.
- Wahrscheinlich kann es auch Löcher in der Darmwand stopfen und so die Darmbarriere stärken.
- Im Tierversuch gingen **Darm**-Entzündungen nach einer Woche Behandlung mit Urolithin zurück.

Die Punicinsäure im Granatapfelkernöl, das so viele Wunder:
- für deinen Teint vollbringt,
- sorgt auch für kräftigere Haare und mehr Glanz.

Und die **Antioxidantien** im Öl
- unterstützen eine gesunde Blutzirkulation,
- was wiederum das Wachstum der Haare ankurbelt.

Quelle:
https://www.zentrum-der-gesundheit.de/ernaehrung/lebensmittel/obst-fruechte/granatapfel

* * *

L-Arginin

Wofür ist Arginin hilfreich?
Arginin ist wichtig für die Bildung von Stickstoffmonoxid im Körper.
Zahlreiche Studien haben gezeigt, dass Stickstoffmonoxid
- die Blutgefäße weitet und den Blutdruck senkt.

Wenn **nicht genügend Arginin** zur Verfügung steht,
-	kann es zu Durchblutungsstörungen,
-	Bluthochdruck und
-	auch zu Erektionsstörungen kommen.

Wann sollte man L-Arginin nicht einnehmen?
-	Wenn man bereits Blutverdünner einnimmt oder einen Herzinfarkt hatte, sollte man von einer Einnahme von Arginin absehen.

WICHTIG:
Die Einnahme von L-Arginin sollte auf jeden Fall mit dem Arzt abgesprochen werden!

Welche Nebenwirkungen hat Arginin?
Obwohl Arginin häufig zur Verbesserung der Herz-Kreislauf-Gesundheit eingesetzt wird, können in bestimmten Situationen unerwünschte Effekte auftreten:

Blutdruckabfall: Da Arginin die Gefäße erweitert, kann es in seltenen Fällen zu einem zu starken Abfall des Blutdrucks führen.

Lesen Sie auch die Ruprik „ Bluthochdruck".

Mehr zu Arginin in meinem Buch :
„ Hilfreiche, weniger bekannte Heilmittel „

https://buchshop.bod.de/hilfreiche-weniger-bekannte-heilmittel-traude-schubert-9783819280108

Erektionsstörungen

Bei Ererktionsstörungen ist eine Kombination aus L-Arginin und Pinienrindenextrakt eine gute und nebenwirkungsarme Alternative.
L-Arginin sorgt für eine bessere Durchblutung.

* * *

In welchem Essen ist Arginin enthalten?
Natürliches L-Arginin ist in vielen **eiweißreichen** Lebensmitteln enthalten,
-       Fleisch, vor allem Kalb- und Rindfleisch
-       Nüsse, Haselnüsse, Sojabohnen, Weizenkeime, Mandeln und vor allem Erdnüsse

-       Hülsenfrüchten, vor allem Erbsen, Linsen und Sojabohnen
-       Fisch, z.B. Lachs, Sardinen und vor allem Garnelen
-       Getreideprodukte, Weizen, Hafer, Buchweizen
-       Käse, hier vor allem Edamer 30 % F.i.Tr.
-       Obst, hier vor allem Feigen

Den höchsten Anteil an Arginin enthalten jedoch **Kürbiskerne**.
Auch Meeresfrüchte wie Garnelen liefern die wertvolle Aminosäure.
Milchprodukte enthalten hingegen verhältnismäßig wenig Arginin.

* * *

Fördernde Nahrungsmittel

Schon Casanova schwor auf **Austern**, um seine Manneskraft zu steigern.

Auch **Spargel**, **Chili** und **Bananen** sollen luststeigernd wirken.

Austern und **Spargel** liefern viel **Zink**, fehlt dies dem Körper, kann sich das negativ auf die Testosteron-produktion auswirken.

Chili enthält **Capsaicin**, das die Durchblutung fördert.
Bananen sind reich an **Kalium**, das die Gefäße erweitern kann.
Dies sind wichtige Voraussetzungen für eine gesunde Potenz.

Auch Ingwersaft mit Honig, sowie Muskatnuss sollen angeblich helfen.

* * *

GARTENTIPPS

Mischkulturen

Mischkultur ist sehr zu empfehlen, wenn man seinen eigenen Garten zur Verfügung hat.
Hier einige Tipps, welche Pflanzen miteinander harmonieren:

Mischkultur für Tomaten und Paprika:

Gut für Tomaten sind:
Basilikum   gibt Aroma und hilft gegen Läuse

Ringelblumen   helfen gegen Nemotoden

Petersilie, Schnittlauch, Knoblauch
                   - helfen gegen Schädlinge

171

Kapuzinerkresse, Tagetes, Zwiebeln
- sind ein guter Boden- und Pflanzenschutz

Gut für Paprika sind:
Basilikum, Zwiebeln, Dill, Karotten, Spinat, Ringelblumen
- verbessern den Boden

Hilfreiche Begleitpflanzen:

Mais	&	Erbsen
Salat	&	Radieschen
Thymian	&	Erdbeeren
Kohl	&	Dill
Karotten	&	Zwiebeln
Gurken	&	Kapselkraut
Paprika	&	Ringelblumen
Zucchini	&	Borretsch

* * *

Gute Begleiter für Gurken

Kapuzinerkresse	Ringelblumen	Knoblauch
Zwiebeln	Mais	Dill
Melonen	Kürbisse	Kartoffeln
Salbei	Kapuzinerkresse	Borretsch
Basilikum		

* * *

Pflanzkalender

Für den Januar
Ist der Boden nicht gefroren, kann noch Steinobst
angepflanzt werden. Z.B. Birnen und Äpfel.
Das **Frühjahr** eignet sich dann besser für:
Pfirsiche, Aprikosen und Feigen.

Für den Februar
Ist der Boden nicht zu kalt, können Rettich, Radieschen,
Karotten und Spinat draußen angesät werden.
Auch frühe Zwiebeln und Knoblauch kann man
aussähen.

Ins Frühbett können:
Kohlrabi, Rettich, Ackerbohne, Radieschen, frühe
Karotten, frühe Salatsorten.

Ab Mitte Februar ins Frühbeet:
Chili, Kohlrabi, Radieschen, Karotten, Spinat, frühe
Salatsorten

Ab Ende Februar:
Tomaten, Paprika, Auberginen, Knollensellerie, Stauden-
sellerie, Artischocken, früher Spitzkohl

Für den März
Aussaat ins Freiland:
Erbsen, Mangold, Radieschen, Schwarzwurzeln, Rotkohl,
Kohlrabi, Karotten, Spinat, Pastinaken, Kopfsalat,
Pflücksalat, Zwiebeln, Frühlingszwiebeln, Speisepilze

Ins Frühbeet:
Artischocken, Auberginen, Blumenkohl, Paprika, Lauch,
Brokkoli, Stangenbohnen, Chinakohl, Pflück-, Kopf und
Feldsalat

Für den April
Anfang bis Mitte April:
Erbsen, Radieschen, Karotten, Grünkohl, Lauch
Rote Beete, Spinat, Mangold, Kohl
mehrjährige Kräuter

Mitte bis Ende April:
Salat, Steckrüben, Dill, grüne Bohnen, Senfblätter,
Petersilienwurzel, Brokkoli, Blumenkohl, Zwiebeln,
Sellerie

Wichtig dabei ist dass der Boden
-        Anfang April 7 – 13 Grad hat,
-        Mitte   April 13 – 16 Grad hat

Für den Mai
Auberginen, Erdbeeren, Gurken, Paprika, Tomaten,
Zucchini, Kopfsalat, Eisbergsalat, Mais, Kürbis
Zuckererbsen, Gurken, Bohnen

Für den Juni
Chilis, Erbsen, Zwiebeln, Feuerbohnen, Kartoffeln,
Kohlrabi, Rosenkohl, Sellerie, Steckrübe, Topinambur
Ingwer, Himbeeren, Heidelbeeren, Frühlingszwiebeln,
Zuckermais, Knoblauch,
Batavia, Blumenkohl, Chinakohl, Endivien, Feldsalat,
Fenchel, Herbst- und Wintersalate, Pak Choi, Winter-
rettich, Weißkohl, Wirsing

Für den August
Asiasalate, Gemüsezwiebeln, Portulak, Winterzwiebeln,
Schwarzer Rettich, Schwarzwurzel, Steckrübe,
Pflücksalat, Knollenfenchel, Lauch, Kopfsalat

Für den September
Spinat, Schnittsalat, Asia-Salate wie Pak-Choi und
Mizuna, Rucola, Knoblauch

Für den Oktober
Bärlauch, Portulak, Spinat, Wintersalate,   174

Wintererbsen (frostfest), Rhabarberstauden,
Wintersteckzwiebeln, Knoblauch

Für den November
Frühlingszwiebeln sähen, Winterportulak, Topinambur,
Knoblauch (Wintersorte), Feldsalat, Schwarzwurzel
Frostharte Saaten: Karotte, Chicorée, Radicchio, Spinat,
Pastinake, Ackerbohne

Für den Dezember
Ideale Zeit um Fruchtsorten zu pflanzen.
Apfel, Birne, Kirsche, Pflaume, Zwetschge, Himbeere,
Stachelbeere, Johannisbeere

* * *

Anbau in Töpfen für Balkon oder Terrasse

Besonders, wer frische Salate und frische Kräuter liebt,
aber keinen Garten hat, nutzt die Möglichkeit auf Balkon
oder Terrasse in Töpfen und Schalen Kräuter, Salate und
sogar Gemüse zu pflanzen.

Meine Kräuter-Salat-Auswahl

ANBAU IN TÖPFEN

* * *

Tipps zur Bepflanzung von Hochbeeten

Hier ein paar Vorschläge zur Bepflanzung von
Hochbeeten. Diese Pflanzen ergänzen sich ideal:

Beet 1:
Zuckererbsen, Gurken, Ringelblumen

Beet 2:
Grühlkohl, Spinat, Salat, Rote Beete, Zwiebeln

Beet 3:
Erdbeeren, Koriander, Petersilie, Basilikum

Beet 4:
Brokkoli, Frühlingszwiebeln, Karotten, Bohnen, Kohl

Beet 5:
Ringelblumen, Tomaten, Paprika, Jalapeno- Chili

* * *

Natürliche Tomatendünger

Hefe und Zucker

- 100 Gramm Backhefe
- 200 Gramm Zucker
- 10 Liter Wasser

Die Hefe wird zunächst mit dem Zucker vermischt und

dann in einen Eimer mit zehn Litern Fassungsvermögen
gegeben.
Anschließend das Ganze langsam mit Wasser auffüllen.
Regenwasser eignet sich besonders gut, aber auch
normales Leitungswasser funktioniert.
Die Mischung ein bis zwei Tage stehen lassen.
Ein Liter des entstandenen Konzentrats reicht für zehn
Liter Gießwasser.

* * *

Kaffeesatz

Kaffeesatz enthält wertvolle Nährstoffe wie Kalium,
Stickstoff und Phosphor.
Die Nährstoffe im Kaffeesatz sorgen daher bei Tomaten,
sowie auch bei Gurken, Erdbeeren oder Hortensien für
ein gesundes Wachstum und Fruchtbildung.

Zum Düngen wird der Kaffeesatz einfach mit einer Harke
in den Boden eingearbeitet.
Lediglich Setzlinge vertragen den Kaffeesatz nicht so gut.

Wichtig ist, dass der Kaffeesatz gut abgekühlt und
trocken ist, da feuchter Kaffeesatz leicht schimmelt.
Zudem hat Kaffeesatz einen niedrigen pH-Wert und
eignet sich deshalb besonders zum Düngen von
Pflanzen, die sauren Boden lieben.

* * *

Milch

Milch gilt unter Gartenkennern als echter Geheimtipp,
wenn es um das Düngen von Tomaten geht.
Die enthaltenen Aminosäuren unterstützen das
Wachstum.

Um die Milch als natürlichen Tomatendünger einzusetzen, einen Teil Milch mit acht Teilen Wasser verdünnen – bevorzugt kalkarmes, gesammeltes Regenwasser.
Diese Mischung dann mit einer Gießkanne in den Gemüsebeeten oder Töpfen verteilen.
Ein- bis zweimal im Monat ist dabei ausreichend.
Die Milch kann übrigens auch bei anderen Pflanzen wie Rosen oder Orchideen als natürliches Düngemittel eingesetzt werden.

* * *

Blattläuse natürlich bekämpfen

Da sind sie wieder: die Blattläuse!
Wenn es noch nicht all zu viele sind, sollte man gleich etwas dagegen tun.
Hier ein paar Tipps wie man sie natürlich bekämpfen kann:

1. Marienkäfer

Die natürlichste Art um Blattläuse zu bekämpfen.
Sie lieben diese Schädlinge, daher sind sie bei mir immer
willkommen.
Zum Glück kann man sie auch in Baumärkten oder im
Internet kaufen.

2. Florfliegen

Auch Florfliegen haben Blattläuse zum Fressen gerne.

3. Gewürze

Bestimmt Gewürze halten diese Schädlinge fern.

So zum Beispiel – Rosmarin, Thymian, Oregano, aber
auch Bohnenkraut und Lavendel.
So wie wir ihren Duft lieben, verabscheuen ihn die
Blattläuse.

4. Rhabarberblätter

Bereiten Sie aus den Blättern einen Sud. Er hilft sehr gut
gegen die Schwarze Bohnenlaus.
Kochen Sie 500 Gramm Rhabarberblätter eine halbe
Stunde in Wasser ab und seihen Sie anschließend die
Flüssigkeit ab. Den Absud sollte ein mal wöchentlich auf
die Pflanzen gesprüht werden.

5. Wermut-Tee

Auch Wermut-Tee hilft gegen Blattläuse. Für einen Liter
Tee nehmen Sie 100 Gramm frischen oder 10 Gramm
getrockneten Wermut. Heißes Wasser darüber geben
und einen Tag ziehen lassen.
Nun kann der ausgesiebte Tee unverdünnt auf die
Pflanzen versprüht werden.

6. Zwiebeln und Knoblauch

Blattläuse lieben keine Zwiebeln und Knoblauch.
Hacken Sie ca. 40 Gramm Zwiebeln oder Knoblauch
klein. Übergießen Sie diese dann mit fünf Liter
kochendem Wasser.
Nach drei Stunden sieben Sie die Flüssigkeit und
sprühen damit alle zehn Tage die betroffenen Pflanzen.

7. Oregano

Ein Gewürz, das in keiner Küche fehlen sollte. Es passt
super zu Pizza und allen ital. Gerichten. Aber es eignet
sich auch sehr gut zur Bekämpfung von Blattläusen.

Kochen Sie dazu Wasser ab und übergießen Sie 100 gr.
frischen, oder 10 gr. getrockneten Oregano damit.
Lassen Sie den Sud nun 20 Minuten ziehen.
Diesen verdünnen Sie nun im Verhältnis 3:1 mit Wasser.

8. Brennnessel - Brühe

Eines der wohl bekanntesten Hilfsmittel gegen Blattläuse
ist die Brennnessel-Brühe.
Weichen Sie hierzu 100 bis 200 Gramm frische
Brennnesseln in einem Liter Wasser für zwei Tage ein.
Unbedingt darauf achten, dass es nicht länger ist! Die
Mischung fängt sonst zu gären an.
Sie können nach den zwei Tagen die Brennnesseln
abseihen und die betroffenen Pflanzen besprühen.

9. Neemöl

Ein wenig bekanntes Mittel im Kampf gegen Blattläuse ist
das Neemöl. Da es den Wirkstoff Azadirachtin enthält,
werden Blattläuse und andere Schädlinge vom Fressen
abgehalten.

Nehmen nur wenige Milliliter des Öles und vermischen Sie es mit einem Liter Wasser.
Innerhalb weniger Tage verhungern die Blattläuse nach dem Besprühen.

Neembaum – Niembaum

10. Seifenlauge

Zu guter Letzt kommt hier noch ein Rezept zur Anwendung einer Seifenlauge. Ab Besten ist es, diese aus Schmier- oder Kaliseife herzustellen.
Lösen Sie dazu 50 gr. fein geriebene Seife in einem Liter Wasser auf.
Ist die Seife aufgelöst, mischen Sie zwei Teelöffel mit einem Liter Wasser. Nun können Sie Lösung mit Hilfe einer Sprühflasche auf die betroffenen Pflanzen sprühen. Wenn Sie die Wirkung der Seifenlauge verstärken möchten, geben Sie noch etwas Alkohol oder Spiritus hinzu.

* * *

Es geht auch ohne Chemie- Insektenabweisende Pflanzen

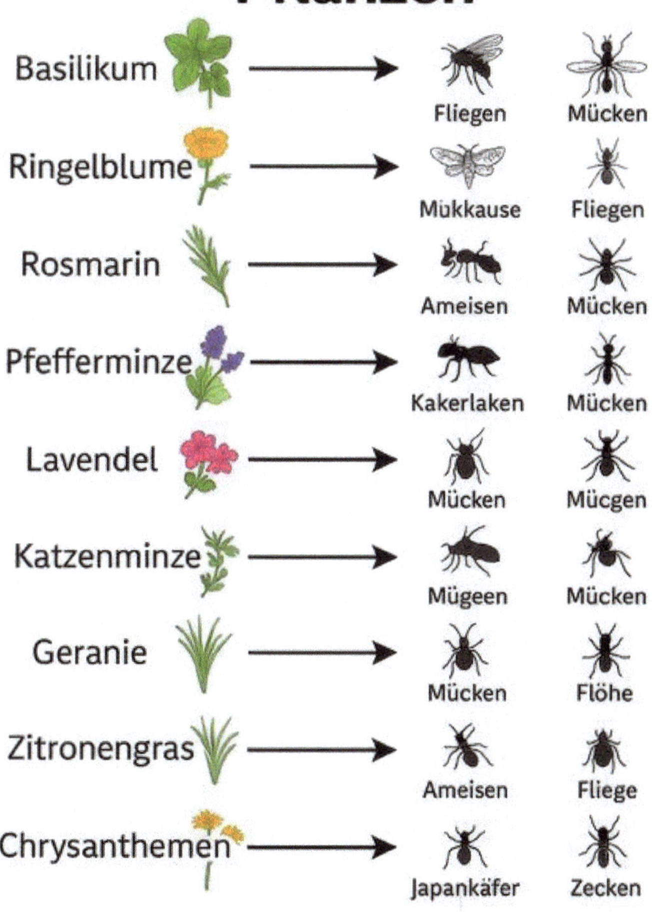

Hier eine Liste mit Web-Adressen, bei denen Sie altes Saatgut bestellen können!

www.ackerhelden.de
www.anstattdessen.de/saatgut
www.bantam-mais.de
www.bewusst-vegan-froh.de/saatgut-wie-in-alten-
zeiten
www.bingenheimersaatgut.de
www.biogartenbedarf.de
www.biogartenladen.de

www.biogartenversand.de
www.bio-saatgut.de
www.bio-saatgut.eu

www.bioterra.biz
www.culinaris-saatgut.de
www.dreschflegel-saatgut.de
www.deaflora.de

www.freie-saaten.de
www.garten-des-lebens.de
www.gartengemuesekiosk.de
www.gruenertiger.de
www.himmlische-saaten.de
www.irinas-tomaten.de
www.karierte-tomate.de
www.kartoffelvielfalt.de
www.kraeutergarten-storch.de
www.kraeuter-simon.com
www.landschaftenschmecken.de
www.lilatomate.de

www.manfredhans.de
www.nutzpflanzenvielfalt.de
www.pflanzgutes.com
www.regenbogenschmiede.net
www.ruebenretter.de/
www.samenbau-nordost.de
www.samenfest.de
www.samenhaus.de/arche-noah
www.tomaten-aus-kurpfalz.de
www.vern.de

ADRESSEN IN DER SCHWEIZ

www.arthasamen.ch
www.biosem.ch
www.prospecierara.ch
www.sativa-rheinau.ch
www.zollinger.bio/de

TAUSCHBÖRSE für Saatgut:

t.me/+Tvz6Qi2MG5Nnqaeh
t.me/WegFinder_Bauernkarte

GEMÜSE FÜR DAS GANZE JAHR

Ewiger Kohl

Ernten Sie das ganze Jahr über zarte Blätter

Wie wäre es, einen wirklich ausdauernden Blattkohl im Garten zu haben? Diese aus Belgien stammende Kohlsorte schafft es ausdauernd zu sein, denn sie bildet keine Blüten, und damit auch keine Samen. Vermehrung geschieht also durch Teilung oder Stecklinge im zeitigen Frühjahr.
Nach unseren neuesten Informationen ist die Pflanze in Deutschland zuverlässig winterhart!
Von diesem Kohl können Sie sowohl im Sommer als auch im Winter grüne Blätter ernten, die wie Wirsing oder Spitzkohl zubereitet werden, wenn Sie die Pflanze immer gut düngen, bzw. mit Kompost versorgen.

Produkteigenschaften

- Haltbarkeit: frostfest, ausdauernd
- Höhe / Platzbedarf: 50/30
- Wasser: normal gießen
- Licht: hell

* * *

Brasilianischer Spinat

Dieses ausdauernde Amaranth-Gewächs sieht mit seinen leicht gekrausten, glänzenden und verdrehten Blättern schon aus wie eine Art Salat.

Und so wird er auch in Brasilien verwendet. Oder eben auch als Spinat.

Zeigen Sie doch einmal ihren Freunden - die nichts ahnen über die Existenz von ausdauernden Spinat-pflanzen - den brasilianischen Spinat in einem schönen Topf, und sie werden vermutlich einfach nur staunen über diese interessant aussehende Zierpflanze!

Im Gegensatz zu einigen anderen Spinatarten ist dieser
Spinat niemals schleimig in der Konsistenz.
Die Blätter sind roh sehr knackig, sie sind vitamin- und
mineralstoffreich. Gedünstet brauchen sie nur wenige
Minuten und brauchen noch nicht einmal zerkleinert
werden, bis sie weich sind. Die tief dunkelgrünen Blätter
sind reich an Chlorophyll und geben Smoothies eine
schöne Farbe.

Verwendung:
Immer die jungen, zarten Kopftriebe mit einem Blattpaar
ernten.
Wenn kontinuierlich geerntet wird geht brasilianischer
Spinat nicht in Blüte. Junge Blätter verwendet man roh,
ältere gegart.
In Brasilien isst man Sisso-Spinat roh mit Essig, Öl,
Knoblauch (Zwiebeln) und Tomaten angemacht.
Oder es wird entweder pur oder gemischt mit anderen
Zutaten als Spinat gegessen.
Sisso-Spinat passt an Quiches, Aufläufe, Curries,
Lasagne oder Wok-Gerichte, wo man
die Blätter erst am Ende des Garens zugibt und dem
Gericht damit eine nussige Note verleiht. Auch als
Omelette mit Pilzen lecker.

Pflege
-        Dieses Gewächs ist ein ausdauernder
         Permakultur-Spinat für den faulen Gärtner.
-        Denn diese Pflanze braucht kaum Pflege.
-        Brasilianischer Spinat kann das ganze Jahr über
         geerntet werden, wenn er warm steht.
-        Er kommt auch mit erstaunlich wenig Licht
         zurecht.

- Die Pflanze mag gerne feuchte Erde, aber keine Staunässe, und für eine laufende Ernte von zarten Blättern sollte man die Wurzeln auch nicht Hunger leiden lassen, sondern regelmäßig - am besten flüssig – nachdüngen.
- Solche rasant wachsenden Pflanzen brauchen das einfach.
- Brasilianischer Spinat ist sehr robust und verträgt auch mal trockenere Zeiten ohne Probleme.
- Er bildet ein dichtes Bodenpolster von vielen krausen ineinander wachsenden Blättern.
- Gelegentlich sollte man die Pflanzen auch ganz zurückschneiden auf 5 cm über dem Boden damit sie wieder neu und frisch austreiben können.
- An Stellen, wo die Triebe den Boden berühren, bilden sich leicht Wurzeln - eine ideale Möglichkeit, diese nützliche Pflanze durch Abtrennen von der Mutterpflanze weiterzuvermehren.

Standort

- Dieser Spinat verträgt sehr viel Schatten, so dass viele Blätter zart und damit für Salat geeignet sind.
- In Brasilien und der Karibik wird er auch als „lebender Mulch" unter Bäumen gepflanzt.
- Denn durch sein starkes und dichtes Wachstum bildet er eine effektive Barriere gegen Unkräuter.
- Probieren Sie doch mal eine Unterpflanzung in einem Kübel mit einem Gehölz.

Überwinterung

- Sisso-Spinat kann kalt überwintert werden, dann verliert er die Blätter.
- Bei Wärme treibt er dann ganz schnell wieder aus.

-       Einfacher ist es, ihn ganzjährig drinnen auf der warmen Fensterbank zu halten, und nur in der frostfreien Zeit nach draußen zu pflanzen.

Synonyme / Suchworte: Sisso spinach, Samba Salat, Samba lettuce, Sambu Lettuce, Espinacia brasileño

* * *

Baumchili, rot (Pflanze)

Aus dem Hochland von Mexiko (ca. 2500m), wo es fast das ganze Jahr über sehr kühl ist.
Dieser Paprika, der von den Zapotec Indianern kultiviert wird, verträgt sogar geringen Frost.
Mag viel Feuchtigkeit, verträgt aber wie alle Paprika auch Trockenheit.
Der Stamm soll bis zu 20cm dick werden, und die Pflanze kann mehr als 15 Jahre alt werden.

Die kleinen violetten Blüten haben Ähnlichkeit mit denen von Auberginen.
Die roten, mittelscharfen Früchte sind sehr fleischig, haben schwarze Samen und sehen aus wie kleine Paprika.

Verwendung:
- Die frischen, jungen Blätter haben ein ungewöhnliches Aroma: nach Rhabarberkompott!
- Überwinterung kann sowohl warm als auch kühl erfolgen (bei 0° bis 10°C).
- Bei kalter Überwinterung trocken halten.

- Blüte und Fruchtansatz ist zweimal im Jahr - um die Zeit der Tag+Nachtgleiche.
- Für einen guten Fruchtansatz sollte ein schattiger, oder sehr feuchter Standort - zumindest in der Blütezeit - gewählt werden.
- Wir topfen oft im September/ Oktober in frische Erde um, und weil sie mit erstaunlich wenig Licht auskommt, wächst sie auch im Winterhalbjahr.
- Ca. im März ist schon Erntezeit. Schärfe: 7-8.

* * *

Tabasco (Pflanze)

Scharfe, aufrechte Schoten, wunderbare Zimmerpflanze
Eine der besten ausdauernden Sorten für die **Topfkultur**!
Kleine, 5cm lange, aufrecht wachsende, orangerote Pfefferschoten, die im Herbst reifen.
Der Name ist etwas irreführend, denn genau genommen ist es die Soße, welche den Namen 'Tabasco' trägt, und aus eben diesen Schoten hergestellt wird.

Verträgt viel Trockenheit.
Vielleicht die im Haus am leichtesten zu überwinternde
Sorte. Schärfe: 9.

Rezept für Tabasco-Sauce
-      Frische reife scharfe Paprika, gleich welcher
       Sorte, werden halbiert und mit dem Messer
       entkernt.

Vorsicht: Keine Schleimhäute mit den Fingern berühren!
-      Die Schoten werden mit der Hälfte des Gewichts
       an Essig im Mixer püriert.
-      Nach Belieben weiter mit Essig verdünnen, kühl
       stellen.
-      Hält im Kühlschrank monatelang.

* * *

Mizuna Asia – Salat

Mizuna oder japanischer Senfkohl ist ein robuster Asiasalat, der zur Familie der Kreuzblütler gehört.
Da selbst die jungen Pflänzchen kältetolerant sind, kann Mizuna bis auf die heißen Sommermonate das ganze Jahr angebaut werden. Charakteristisch für den Blattsenf sind seine gefiederten, hellgrünen Blätter.
Die essbaren gelben Blüten duften mild nach Senf und etwas süß nach Honig und sind aufgrund ihres Nektar- und Pollengehaltes sowohl bei Wildbienen als auch Schmetterlingen und anderen Insekten beliebt.
Sie sind sowohl roh genießbar als auch zum Anbraten oder zur Verarbeitung in Suppen geeignet.

Mizuna ist sehr gesund und hat folgende gesundheitliche Vorteile:

-      Es ist gut für die Augen,
-      für die Blutgerinnung,
-      das Immunsystem und
-      für die Erhaltung starker Knochen.

Mizuna ist ein sehr gesundes Gemüse, das unter anderem die folgenden Vitamine enthält:
A, B1, B2, B6, B11, C, E und K.

Verwendung:

-      Mizuna hat einen milden, senfartigen Pfeffergeschmack.
-      Essen Sie es roh in Salaten, besonders die zarten jungen Blätter .
-      Sautieren Sie Mizuna-Stängel und -Blätter mit Zwiebeln oder Knoblauch als Beilage.
-      Es schmeckt wunderbar in Pfannengerichten und ist eine nährstoffreiche Ergänzung zu Suppen und Eintöpfen.

Ich pflanze Mizuna das ganze Jahr über an und nutze ihn als Salatbeimischung und als Gemüse.

* * *

Portulak

Portulak (Portulaca oleracea) ist eine grüne Blattpflanze, die oft als Unkraut angesehen wird, aber tatsächlich eine Reihe von gesundheitlichen Vorteilen und Verwendungsmöglichkeiten bietet.

Winterportulak ist viel milder und sehr schmackhaft in Salaten und grünen Smoothies.

Er kann quasi mit Haut und Haar verzehrt werden:
Stängel, Blätter und Blüten – alles essbar, alles lecker
und extrem vitamin- und mineralstoffreich

Winterportulak

Hier sind zehn bemerkenswerte Vorteile und Verwendungsmöglichkeiten von Portulak:

-        Reich an Omega-3-Fettsäuren
-        Portulak ist eine der besten pflanzlichen Quellen
         für Omega-3-Fettsäuren, die wichtig für die
         Herzgesundheit und die Verringerung von
         Entzündungen sind.
-        Hoher Nährstoffgehalt

Portulak ist reich an

-        Vitaminen und
-        Mineralien,
-        darunter Vitamin A,
-        Vitamin C,

- Vitamin E,
- Magnesium,
- Kalzium,
- Kalium und
- Eisen, was ihn zu einem nährstoffreichen Lebensmittel macht.

Antioxidative Eigenschaften
Die Pflanze enthält Antioxidantien wie:
- Beta-Carotin und
- Vitamin C,

die helfen, Zellen vor oxidativem Stress und Schäden zu schützen, die allgemeine Gesundheit zu fördern und das Risiko chronischer Krankheiten zu verringern.

Unterstützt die Herzgesundheit
Die Omega-3-Fettsäuren und der hohe Kaliumgehalt des Portulak helfen, die **Herzgesundheit** zu erhalten, indem sie den **Blutdruck** senken, den **Cholesterinspiegel** reduzieren und **Herzkrankheiten** vorbeugen.

* * *

Rezepte mit Portulak

Portulak kann auf andere Weise in Ihre Mahlzeiten integriert werden:
- Braten Sie ihn an oder dämpfen Sie ihn als Beilage .
- Hacken Sie ihn und geben Sie ihn zu Tacos. - Geben Sie ihn in Pfannengerichte

* * *

Portulak mit Eiersoße

Zutaten:

100 g	Portulak
1	hartgekochtes Ei
1 kl.	Zwiebel
1 TL	scharfer Senf
1 TL	Senfsauce
1 TL	Rotweinessig
1 EL	Olivenöl
	Salz und Pfeffer

Zubereitung:

- Portulak waschen, abtropfen lassen und in eine Schüssel geben.
- Die Zwiebel schälen und in feine Ringe schneiden.
- Das Ei pellen und halbieren.
- Das Eiweiß fein würfeln, das Eigelb in den Mixer geben.
- Essig, Öl, Senfsauce und Senf zum Eigelb geben.
- Mixen, bis eine sämige Sauce entsteht, mit Salz und Pfeffer abschmecken.
- Die Sauce über den Salat geben und vermischen.
- Mit Zwiebelringen und Eiweißwürfelchen garnieren.

* * *

Portulak Salat (Winterportulak) mit Ziegenfrischkäse, Knoblauch und Sesamkörnern

Zutaten:

300 g	Portulak
150 g	Ziegenfrischkäse
3 EL	Sesam

5 EL	Schinken, gewürfelt
8	Knoblauchzehen
3 EL	Apfelessig
3 EL	Olivenöl
2 EL	Honig
	Salz und Pfeffer aus der Mühle

Zubereitung:
- Den Portulak gründlich waschen und trocken schleudern.
- Den Sesam in einer Pfanne goldbraun anrösten.
- Dann die in Scheiben geschälten Knoblauchzehen mit etwas Olivenöl goldgelb anbraten.
- Anschließend die Knoblauchscheiben aus der Pfanne nehmen und auf Küchenkrepp abtropfen lassen.
- Das Öl bitte nicht weg gießen, es wird für das Dressing verwendet.
- Das Öl mit Apfelessig Honig verrühren und mit Salz und Pfeffer abschmecken.
- Nun die Schinkenwürfel in der Pfanne anbraten, bis sie leicht kross sind.
- Jetzt den Portulak auf einem großen flachen Teller anrichten, den Sesam und die Schinkenwürfel untermischen und darüber den Käse zerkrümeln.
- Zu guter Letzt die Knoblauchscheiben darüber verteilen und das Dressing darüber gießen.

Tipp:
Statt Ziegenfrischkäse können Sie auch sehr gut frischen Parmesan verwenden.

* * *

Portulak – Pesto

Zutaten:

200 g	Portulak mit Wurzel
30 g	Pinienkerne
1 kl	Knoblauchzehe
400 g	Spaghetti
etwas	Salz
etwas	schwarzen Pfeffer aus der Mühle
5 EL	Olivenöl
2 EL	frisch geriebenen Parmesan
2 EL	gehobelten Parmesan

Zubereitung:

- Vom Portulak die Wurzelenden entfernen und die Blättchen mitsamt den Stielen in stehendem, kaltem Wasser waschen.
- Anschließend abtropfen lassen.
- Die Spaghetti in reichlich kochendem, leicht gesalzenem Wasser bissfest garen.
- In einer beschichteten Pfanne die Pinienkerne ohne Zugabe von Fett goldbraun rösten.
- Die Knoblauchzehe abziehen und klein schneiden.
- Den Portulak, bis auf eine Handvoll, mit 2 EL Wasser, Knoblauch und Olivenöl pürieren.
- Dann den geriebenen Parmesan und die Pinienkerne zugeben, nochmal pürieren und das Pesto mit etwas Salz und einigen Umdrehungen schwarzem Pfeffer aus der Mühle abschmecken.
- Die Spaghetti abgießen, mit dem Pesto vermischen und zusammen mit dem übrigen Portulak und dem gehobelten Parmesan auf Tellern anrichten.

Portulak Gemüse

Zutaten:

200 g	Portulak
1 TL	Öl
1 kl.	Zwiebel
1 EL	Creme fraiche
1 TL	Gemüsebrühe
	Salz und Pfeffer

bei Bedarf etwas Wasser

Zubereitung:
- Den Portulak gründlich waschen.
- Die Zwiebel in kleine Würfel schneiden.
- Das Öl in einer großen tiefen Pfanne heiß werden lassen und die Zwiebel darin glasig dünsten.
- Anschließend den noch tropfnassen Portulak in die Pfanne geben.

- Nach kurzer Zeit fällt der Portulak in sich zusammen.
- Die Gemüsebrühe drüber streuen und notfalls mit etwas Wasser angießen.
- Das Ganze 2-3 Minuten dünsten.
- Überschüssige Flüssigkeit abgießen.
- Das Gemüse leicht ausdrücken (geht gut mit dem Kochlöffel in einem Sieb).
- Mit einem großen Messer grob durchhacken und wieder in die Pfanne geben.
- Crème fraîche unterrühren und mit Salz und Pfeffer abschmecken.

Das Portulak Gemüse schmeckt ähnlich wie Blattspinat und kann wie dieser als schöne Beilage oder zur Füllung von Nudeln gut verwendet werden.

* * *

Zwiebeln

Die Saison für frische Zwiebeln ist in den Monaten Juli bis Oktober.

Holen Sie sich nach Möglichkeit am Besten frische Zwiebeln beim Bauer. Sollte das nicht möglich sein, kaufen Sie Zwiebeln aber auch anderes Gemüse aus Deutschland.

Dieses hat keinen langen Transportweg, ist frischer und hilft unseren Landwirten!

Zwiebeln haben viele gute Eigenschaften:
- Sie fördern die Verdauung
- Sie liefern wichtige Vitalstoffe
- Sie sind Schlankmacher
- Sie schmecken zu fast allem

-          Sogar ihre CO2 Bilanz ist gut: 30 g pro 100 g)

Manche Menschen haben jedoch Schwierigkeiten mit
Zwiebeln:
-          Sie können roh schwer im Magen liegen
-          Sie können Blähungen verursachen

100 Gramm Zwiebeln haben folg. Inhaltsstoffe:
Brennwert: 28 kcal
Eiweiß: 1,2 g
Kohlenhydrate: 5 g, davon 4,9 g Zucker
Fett   0,3 g
Ballaststoffe: 1,4 g

* * *

Gesunde Beeren- und Obstsorten

Die 5 gesündesten Beeren!

Sie sind reich an Vitaminen, Mineralstoffen und
Ballaststoffen sind Beeren also ideal für den Körper.

Blaubeeren / Heidelbeeren

Blaubeeren sind voll mit sekundären Pflanzenwirkstoffen,
sie können den Alterungsprozess verringern und wirken
entzündungshemmend.
Heidelbeeren sind daher als Antiage-Wundermittel sehr
beliebt!
Sie enthalten auch viel:
Vitamin C, Eisen, Kalium, Kalzium, Zink und Folsäure
und sind damit wahre Kraftpakete.
Für diejenigen die auf ihren Zuckerkonsum achten oder
achten müssen, macht der hohe Ballaststoffanteil und der
geringe Zuckergehalt die Beere besonders attraktiv.

Himbeeren
Himbeeren enthalten besonders viel Eisen, Vitamin C
und auch B-Vitamine.
Ihr Ballaststoffgehalt ist ebenfalls sehr hoch und fördert
die Verdauung.
Himbeeren weisen auch antioxidative Eigenschaften auf
und punkten mit wertvollen Mineralstoffen, wie z.B.
Kalium, Magnesium und Kalzium.

Erdbeeren
Schon ab Mitte Mai eröffnen die Erdbeeren die
Beerensaison.
Sie enthalten viel Wasser und ihr Vitamin C Gehalt ist
enorm hoch.
Außerdem sind sie voller Mineralstoffe, wie Kalzium,
Zink, Kupfer und Folsäure und sehr ballaststoffreich und
daher gut für die Verdauung!

Brombeeren
Auch Brombeeren enthalten enorm viel Vitamin C!
Brombeeren sind außerdem gute Vitamin-E-Lieferanten
und versorgen den Körper – ähnlich wie Himbeeren – mit
den Mineralstoffen Kalium, Kalzium und Magnesium.
Außerdem wirken sie wie viele Beerenarten förderlich auf
Herz-Kreislauf-Erkrankungen.

Stachelbeeren
Stachelbeeren enthalten viel Vitamin C sowie Vitamin E
und B-Vitamine. Hoher Ballaststoffgehalt, Eisen und
Mineralstoffe, wie Kalzium machen sie zum idealen
Snack für zwischendurch.

Quelle: (https://tauern-apotheke.at/das-sind-die-5-
gesuendesten-beeren/)

Der gesundheitliche Wert unserer Obstsorten

Aus dem Hausbuch meiner Urgroßmutter. Ich habe dieses uralte Buch von Sütterlin-Druckschrift übertragen und als Buch drucken lassen.

Zitrone
Als Heilmittel steht die **Zitrone** obenan.
Ihr Saft besitzt die am meisten lösende Wirkung auf alle Schleimhäute und Drüsen des menschlichen   Körpers.
Sie löst Ablagerungen von Gicht und Rheuma, auch Stein- und Griesbildungen.

Orange
In der Wirkung verwandt mit der Zitrone, nur milder.
Das ist die **Orange**.

Apfel
Der **Apfel** enthält viel Eisen und ist daher für Blutarme

und Bleichsüchtige ganz vorzüglich. Er ist außerdem rein
an Sauerstoff, den er an das Blut abgibt.
Bei Asthma erleichter er die Atmung.
Vor allem wichtig ist auch sein Gehalt an Phosphor,
womit er die Milz und durch
diese wiederum, das Gehirn ernährt..
Schließlich übt der Apfel noch eine beruhigende Wirkung
auf das Nervensystem aus, weshalb er von vielen an
Schlaflosigkeit leidenden Menschen abends kurz vor
dem Schlafengehen genossen wird.

Birne
Die **Birne** enthält viel Kalk und unterstützt die
Knochenbildung.

Kirsche
Die **Kirsche** zeichnet sich durch nährende Stoffe und viel
 Sauerstoff aus. Saure Kirschen wirken sehr günstig auf
den Darm und beseitigen dessen Trägheit und
Verstopfung.

Pflaume + Zwetschge
Die **Pflaume (Zwetschge)** ist außerordentlich nährend
und blutbildend.   Sie wirkt treibend auf den Darm. Ein
übermäßiger Genuss kann leicht zu Darmreizung führen.

Pfirsich
sind ein hervorragendes Verdauungsmittel und wirken
blutreinigend.

Feigen und Datteln
sind vortreffliche Nährmittel, besonders in frischem
Zustand.

Weintrauben
sind als Kurmittel gegen Gicht, Rheumatismus, sowie
auch schlechte Blutmischung unübertrefflich.

Johannisbeeren und Preiselbeeren
sind vorzüglich gegen Harnsäure und der Saft
erquickend bei Fieberzuständen.

Die Heidelbeere
ist reich an Gerbstoffen, weshalb man sie gerne gegen
Darmkatarrh anwendet.

Die Banane
ist reich an Nährstoffen, weshalb sie mehr als Nährmittel,
weniger als Heilmittel in Betracht kommt.

Die Tomate
beeinflusst sehr wohltätig Milz und Nieren, reinigt das
Blut und wirkt belebend auf die Nerven.
Sie übertrifft als Blutreinigungsmittel bei Ausschlägen,
Flechten, Ausflüssen beinahe das Obst und kann in jeder
Gestalt empfohlen werden.

In meinem Buch „ Uroma wusste es noch „ finden Sie noch viel mehr Infos.

https://buchshop.bod.de/uroma-wusste-es-noch-traude-schubert-9783759721778

Bilderquellen

Coverfoto
https://www.piqsels.com-id-fdytv/

Ewiger Kohl
https://www.kraeuter-und-duftpflanzen.de/pflanzen-
saatgut/kalmegh-kuechenschelle/kohl-ewiger/ewiger-
kohl-pflanze

Brasilianischer Salat
https://www.kraeuter-und-duftpflanzen.de/pflanzen-
saatgut/salbei-suessholz/spinat/brasilianischer-spinat-
pflanze

Baumchili
https://www.kraeuter-und-duftpflanzen.de/pflanzen-
saatgut/gagelstrauch-guduchi/gewuerzpaprika-chili/
baumchili-rot-pflanze

Tabasco
https://www.kraeuter-und-duftpflanzen.de/pflanzen-
saatgut/gagelstrauch-guduchi/gewuerzpaprika-chili/
tabasco-pflanze

Koriander
https://www.piqsels.com/de/public-domain-photo-jxmga

Hibiskus
https://www.piqsels.com/de/search?q=hibiskus

Grüntee
https://www.piqsels.com/de/public-domain-photo-zpcnc

Versch. Kräuter
https://www.piqsels.com/de/public-domain-photo-zboyk/

Portulak
https://www.piqsels.com/de/public-domain-photo-jduws

Lakritze
https://www.piqsels.com/de/public-domain-photo-fvfel

Lakritze 2
https://www.piqsels.com/de/public-domain-photo-fmmpe

Pesto
https://www.piqsels.com/de/public-domain-photo-fozih

Schafgarbe
https://www.piqsels.com/de/public-domain-photo-jassq

Gemüse
https://www.piqsels.com/de/public-domain-photo-zboru

Äpfel
https://www.piqsels.com/de/public-domain-photo-zbsmm

Öle
https://www.piqsels.com/de/public-domain-photo-zmgqs

Oregano
https://www.piqsels.com/de/public-domain-photo-ffjqh

Eukalyptus
https://www.piqsels.com/de/public-domain-photo-zffrq

Lavendel
https://www.piqsels.com/de/public-domain-photo-zqsgp

https://www.piqsels.com/de/public-domain-photo-fehya

Öl
https://www.piqsels.com/de/public-domain-photo-onydo

Safran
https://www.piqsels.com/de/public-domain-photo-fdfhc

Pflanzenkarte   Grün & Gesund

Schwarze Johannisbeeren
https://www.piqsels.com/de/public-domain-photo-zjyta

Dunkle Schokolade
https://www.piqsels.com/de/public-domain-photo-zfxnd

Begonien
https://www.piqsels.com/de/public-domain-photo-zpoia/

Phlox
https://www.piqsels.com/de/public-domain-photo-okbdb

Zucchiniblüten
https://www.piqsels.com/de/public-domain-photo-ojayn/

Bockshornklee
https://www.piqsels.com/de/public-domain-photo-fquyj/

Bockshornklee Sproßen
https://www.piqsels.com/de/public-domain-photo-owzmc/

Gebr. Blumenkohl
https://www.piqsels.com/de/public-domain-photo-izzkh

Brokkoli
https://www.piqsels.com/de/public-domain-photo-frvba

Sägepalme
pexels-arina-krasnikova-7002680

Damiana
https://www.pexels.com/de-de/foto/bluhen-blute-flora-gelbe-blume-13645653/

Yamswurzel
https://www.piqsels.com/de/public-domain-photo-swcet

Austern
https://www.piqsels.com/de/public-domain-photo-zdldh

Zucchiniblüten
https://www.piqsels.com/de/public-domain-photo-izxyg/

Hanffeld
https://www.piqsels.com/de/public-domain-photo-jcnjt/

Avocado
https://www.piqsels.com/de/public-domain-photo-jyivv

Chia
https://www.piqsels.com/de/public-domain-photo-jxdlw

Pfirsich
https://www.piqsels.com/de/public-domain-photo-zpsmc

Beeren
https://pixabay.com/de/photos/beeren-fr%C3%BCchte-
himbeeren-brombeeren-1546125/

Winterportulak
https://www.piqsels.com/de/public-domain-photo-zhmgn

https://www.piqsels.com/de/public-domain-photo-jdjkp/

Scharbockskraut
https://www.piqsels.com/de/public-domain-photo-fdcyo/

Bärlauch
https://www.piqsels.com/de/public-domain-photo-zybdr/

Haselstrauch Blüten
https://www.piqsels.com/de/public-domain-photo-fkhcc

Pappelblüte
https://www.baumkunde.de/Populus_simonii/Bluete/

Echte Schlüsselblume
https://www.piqsels.com/de/public-domain-photo-olsvq

Ahornsamen
https://www.piqsels.com/de/public-domain-photo-fzryo/

Quellennachweise

Die 5 gesündesten Beeren
(https://tauern-apotheke.at/das-sind-die-5-gesuendesten-beeren/)

https://t.me/AramChristus

Naturheilmittel zur Ausleitung von Spike-Proteinen
@nature-heart.de

Kochrezepte von Kiefernnadeln, Portulak und anderen
Chefkoch.de

Tees bei Diabetes
https://www.holistische-gesundheit.net/gesundheit/zu-hoher-blutzucker-diese-tees-koennen-helfen

Granatapfel
https://legitim.ch/granatapfel-hilft-bei-der-bekaempfung-von-herz-kreislauf-erkrankungen-diabetes-und-krebs/

Gemüse
https://www.piqsels.com/de/public-domain-photo-zboru

Traubenkernöl
https://www.essig-oel.de/kaltgepresstes-traubenkernoel-von-hartlieb-250ml

Besondere Öle
https://www.essig-oel.de/

Korianderöl

https://www.microbiologyresearch.org/content/journal/
jmm/10.1099/jmm.0.034157-0

Zistrose
https://www.shop-apotheke.com
Das Magazin für Tierfreunde/pfoten

Hoher Blutdruck
https://oviva.com/de/de/bluthochdruck-ernaehrung/

https://www.mri.tum.de/sites/default/files/seiten/
ernaehrungsempfehlung_hypertonie_2016.pdf
Blutdrucksenkende Lebensmittel – zur Vorsorge und
Therapie – visomat Blutdruckmessgeräte

(https://www.visomat.de/blutdrucksenkende-
lebensmittel/)FAQ | DGE

(https://www.dge.de/gesunde-ernaehrung/faq)
Mit Flavonoiden den Blutdruck senken- BZfE
(pharmazeutische-zeitung.de)

(https://www.pharmazeutische-zeitung.de/schon-ein-
kleines-bier-am-tag-erhoeht-den-blutdruck-141561/)

Einschlafhilfen
https://www.tk.de/techniker/magazin/life-balance/besser-
schlafen/schlafstoerungen-2006862?tkcm=ab

https://www.inspiriert-sein.de/was-tun-bei-karies-4

Sägepalme
https://www.apotheken-umschau.de/medikamente/
heilpflanzen/saegepalme-736547.html

Rezepte Bockshornklee - Meine Kochbücher

Damiana
https://www.deineapotheke.at/naturheilkunde/
heilpflanzen/pflanzliche-helfer-fuer-den-mann-6055968
+ Teehandel

Mehr zu sexuellen Störungen
https://www.zentrum-der-gesundheit.de/bibliothek/
partnerschaft-familie/sexualitaet/libido

OPC
https://www.bio-apo.de/ratgeber/naturheilmittel/opc-
traubenkernextrakt/#Was_ist_OPC_Traubenkernextrakt

Grünkohl
https://www.internisten-im-netz.de/aktuelle-meldungen/
aktuell/gruenkohl-beugt-besser-gegen-krebs-vor-als-
brokkoli.html

Nahrungsmittel gegen hohen Blutdruck
https://oviva.com/de/de/bluthochdruck-ernaehrung/

Hilfen bei hohem Blutdruck
https://www.bzfe.de/service/news/aktuelle-meldungen/
news-archiv/meldungen-2021/september/mit-
flavonoiden-den-blutdruck-senken/

Info zu Flovonoiden
https://www.bzfe.de/service/news/aktuelle-meldungen/
news-archiv/meldungen-2021/september/mit-
flavonoiden-den-blutdruck-senken/

Bier
(https://www.pharmazeutische-zeitung.de/schon-ein-
kleines-bier-am-tag-erhoeht-den-blutdruck-141561/)

Kräuterkissen
https://gesund-im-schlaf.de/herz-kreislauf-mischung

Ätherische Öle
https://www.microbiologyresearch.org/content/journal/
jmm/10.1099/jmm.0.034157-0

https://www.cardiopraxis.de/entlastung-im-schlaf-
bluthochdruck-benommenheit-schwindel-herzschwaeche/

Bisher erschienene Bücher aus der Serie
„ Segen der Natur „

In Arbeit sind derzeit die Bücher
„ Segen der Natur – Teil 4 und Teil 5 „

Alle meinen Bücher finden Sie hier:

https://buchshop.bod.de/catalogsearch/result/index/?q=Traude%20schubert%20&product_list_order=bod_release_date&product_list_dir=desc